Les grandes mutations qui transforment l'éducation 2019

Cet ouvrage est publié sous la responsabilité du Secrétaire général de l'OCDE. Les opinions et les interprétations exprimées ne reflètent pas nécessairement les vues officielles des pays membres de l'OCDE.

Ce document, ainsi que les données et cartes qu'il peut comprendre, sont sans préjudice du statut de tout territoire, de la souveraineté s'exerçant sur ce dernier, du tracé des frontières et limites internationales, et du nom de tout territoire, ville ou région.

Merci de citer cet ouvrage comme suit :
OCDE (2019), *Les grandes mutations qui transforment l'éducation 2019*, Éditions OCDE, Paris.
https://doi.org/10.1787/trends_edu-2019-fr

ISBN 978-92-64-31296-8 (imprimé)
ISBN 978-92-64-31297-5 (pdf)

Les grandes mutations qui transforment l'éducation
ISSN 2218-7057 (imprimé)
ISSN 2218-7065 (en ligne)

Les données statistiques concernant Israël sont fournies par et sous la responsabilité des autorités israéliennes compétentes. L'utilisation de ces données par l'OCDE est sans préjudice du statut des hauteurs du Golan, de Jérusalem-Est et des colonies de peuplement israéliennes en Cisjordanie aux termes du droit international.

Crédits photo : Couverture © Fancy/Inmagine.com

Les corrigenda des publications de l'OCDE sont disponibles sur : *www.oecd.org/about/publishing/corrigenda.htm.*

Avant-propos

La publication *Les grandes mutations qui transforment l'éducation 2019* vise à alimenter la réflexion stratégique à long terme sur l'éducation. Elle examine une série de grandes tendances économiques, sociales, démographiques et technologiques et soulève des questions pertinentes au sujet de l'impact de ces tendances sur l'éducation. Elle vient combler un besoin important : les responsables politiques et les professionnels de l'éducation n'ont bien souvent que des informations parcellaires ou locales sur les grandes tendances à l'œuvre dans leur cadre ; il leur manque bien souvent des données probantes, en particulier sur les tendances.

Pour intégrer les tendances dans la réflexion sur l'avenir, il faut pouvoir s'appuyer sur des données provenant de sources internationales fiables, dont l'OCDE, la Banque mondiale et l'Organisation des Nations Unies. Cet ouvrage s'adresse aux responsables politiques, aux chercheurs, aux chefs d'établissement, aux administrateurs scolaires et aux enseignants. Il ne manquera pas non plus d'intéresser les élèves et le grand public, dont les parents.

La première édition de cet ouvrage a été publiée en 2008 et les éditions suivantes sont parues en 2010, en 2013 et 2016. L'édition 2019 propose de nouveaux chapitres sur le vieillissement démographique, les cultures modernes et la sécurité. Elle fait le point sur les tendances à l'œuvre et analyse les interactions entre ces tendances. Elle établit des liens entre les tendances étudiées et l'éducation, dont il faut tenir compte pour réfléchir à l'avenir. Contrairement aux éditions précédentes, où la technologie faisait l'objet de chapitres spécifiques, cette édition intègre la technologie dans tous les chapitres puisque la technologie a envahi notre vie au quotidien.

Le processus à mener pour identifier les tendances pertinentes et compiler les données sur des sujets si éclectiques est forcément un exercice axé sur la collaboration, et un certain nombre de personnes et d'institutions ont énormément contribué, par leur appui et leurs suggestions, à la rédaction de cet ouvrage. Les auteurs remercient le ministère flamand de l'Éducation de soutenir pleinement leur projet depuis sa création. L'atelier d'experts organisé en 2018 grâce à Jeroen Backs et à son équipe dévouée a contribué à étayer nos travaux et à alimenter cet ouvrage. Nous remercions aussi chaleureusement le groupe multidisciplinaire d'experts zélés et dynamiques qui ont participé à cet atelier organisé à Bruxelles : Queralt Capsada, Bernhard Chabera, Patrick Deboosere, Ruby Gropas, Jan Germen Janmaat, Siv Hilde Lindstrom, Candy Lugaz, Eamonn Noonan, Petra Packalen et Micheline Scheys.

Nous tenons également à remercier les Directions et Divisions de l'OCDE et les organismes partenaires qui ont généreusement partagé leur expertise et leurs travaux avec nous, à savoir les Directions et Divisions en charge du développement, de l'économie, de l'emploi, du travail, des affaires sociales, des affaires financières, de la gouvernance publique, de la science, de la technologie et de l'industrie, du commerce et de l'agriculture, le Centre pour l'entrepreneuriat, l'Agence internationale de l'énergie, l'Agence pour l'énergie nucléaire et le Forum international des transports. Leurs conseils éclairés et leur sens de la coopération ont été grandement appréciés.

Les auteurs tiennent également à remercier les nombreux membres de la Direction de l'éducation et des compétences qui ont présenté leurs idées et donné leurs avis très éclairés sur des chapitres spécifiques tout au long du processus, de la première réunion de réflexion où tous ont rivalisé d'intelligence, jusqu'à la finalisation de cet ouvrage. Nous apprécions énormément l'aide qu'ils nous ont apportée sans ménager leur temps. Nous tenons aussi à remercier Andreas Schleicher, Directeur, et Deborah Roseveare, Directeur du Centre pour la recherche et l'innovation dans l'enseignement (CERI), pour leurs commentaires sur le projet préliminaire. Enfin, nous remercions les membres du Comité directeur du CERI de leurs encouragements, de leurs idées et de leurs commentaires.

Au sein du CERI, Tracey Burns, Marc Fuster, Julie Hooft Graafland et Joshua Polchar ont rédigé le présent rapport avec l'aide de Peer-Benedikt Vincent Bussiek et de Quynh Nguyen. Sophie Limoges, Rachel Linden, Leonora Lynch-Stein et Anne-Lise Prigent ont participé aux derniers préparatifs de cet ouvrage.

Table des matières

Graphiques

Résumé

Vous êtes-vous déjà demandé si l'éducation pouvait contribuer à préparer nos sociétés à entrer dans l'ère de l'intelligence artificielle ? Ou quel impact le changement climatique pourrait-il avoir sur l'école, la famille et la société ?

La publication *Les grandes mutations qui transforment l'éducation 2019 examine* les grandes tendances économiques, politiques, sociales et technologiques qui façonnent l'avenir de l'éducation, depuis la petite enfance jusqu'à l'apprentissage tout au long de la vie. Elle vise à alimenter la réflexion stratégique et le débat sur les défis de l'éducation et à montrer en quoi l'éducation peut influer sur ces tendances.

Analyser l'avenir de l'éducation dans le contexte des grandes tendances mondiales est indispensable pour faire en sorte que l'école puisse continuer à s'acquitter de sa mission, qui est d'aider les individus à s'épanouir et à devenir des travailleurs qualifiés et des citoyens responsables. Dans un monde complexe et en mutation rapide, il pourrait être nécessaire à cet effet de réorganiser les cadres formels et informels d'apprentissage et de repenser le contenu des cours et la façon de les dispenser. Dans un monde vieillissant, ces changements s'appliqueront vraisemblablement non seulement à la formation initiale, mais aussi à l'apprentissage tout au long de la vie.

Toutefois, il n'y a pas de moyen direct d'établir des liens entre l'éducation et les grandes tendances mondiales. L'avenir est en soi imprévisible, parce qu'il se « fabrique » en permanence. La réflexion stratégique sur l'éducation à long terme doit donc tenir compte non seulement des tendances actuelles, mais aussi des diverses façons dont elles pourraient évoluer à l'avenir. Cette édition décrit les macrotendances, les tendances systémiques, avant d'en venir aux microtendances, celles qui concernent les personnes et les familles. La technologie, qui était autrefois abordée dans un chapitre spécifique, fait désormais tellement partie de notre vie au quotidien qu'elle intervient en filigrane dans tous les chapitres.

Déplacement du centre de gravité mondial

La puissance économique change de mains, comme le montre l'émergence d'économies géantes en Asie, en particulier la Chine et l'Inde. La mondialisation facilite l'émergence de réseaux et d'échanges transnationaux. La mobilité internationale des personnes a augmenté sous l'effet de la baisse des prix des transports et des communications. La croissance économique qui va de pair avec ce phénomène sort beaucoup de gens de la pauvreté, qui viennent gonfler les rangs de la classe moyenne dans le monde. La mondialisation est toutefois à l'origine de nouveaux défis : augmentation de la consommation, exploitation non durable des ressources et sentiment, chez certains, de devenir des laissés-pour-compte.

Toutes ces tendances devraient continuer à se ressentir à court et moyen terme. L'éducation a un rôle important à jouer s'agissant d'amener les élèves à acquérir les compétences dont ils auront besoin pour réussir à l'avenir, dans le village mondial. Elle peut aussi contribuer à lutter contre le changement climatique et l'inégalité, les défis les plus urgents de notre temps. Mais l'école ne peut agir seule, il faut en faire plus pour que la prochaine phase de la mondialisation soit bénéfique à tous.

La chose publique : citoyenneté et démocratie

Les « bonnes » démocraties reposent sur le civisme de leurs citoyens et sur l'engagement de ceux-ci dans la chose publique. Dans de nombreux pays pourtant, des indicateurs clés tels que la participation électorale ont diminué durant toute la moitié du siècle dernier. La montée des inégalités dans les pays et l'accroissement de l'écart entre milieu rural et milieu urbain posent des problèmes d'égalité des chances dans la vie et d'accès aux services. La numérisation a amélioré notre accès à l'information, mais rien ne garantit que les résultats des recherches en ligne soient exacts. De fait, l'omniprésence des médias sociaux en ligne facilite la diffusion d'informations inexactes et de mensonges éhontés et les algorithmes et les chambres d'écho qui ne font que conforter des convictions ancrées sont source de préoccupation.

Ces éléments se conjuguent et sont à rapprocher de l'érosion de la confiance, de la montée des troubles sociaux et de l'exacerbation des tensions politiques qui suscitent de l'inquiétude. L'éducation peut grandement contribuer à améliorer la participation civique et sociale et à renforcer la citoyenneté démocratique. D'épineuses questions restent toutefois posées. Comment donner autant d'importance à toutes les parties dans une société placée sous le signe de la diversité ? Quelles en sont les implications pour l'amélioration de la cohésion sociale et de la confiance ?

La sécurité dans un monde exposé

La sécurité de la personne est un droit fondamental garanti par la Déclaration universelle des droits de l'homme de 1948. Dans l'ensemble, les conflits armés sont plus rares, la sécurité routière est meilleure et les médicaments sont plus efficaces dans les pays de l'OCDE, mais les défis sont de plus en plus complexes en matière de sécurité. Le changement climatique provoque l'élévation du niveau de la mer et la multiplication des phénomènes climatiques extrêmes. Dans un monde de plus en plus connecté, les réseaux terroristes menacent de nombreux pays, y compris dans le cyberespace. Énormément de données personnelles et de données sensibles sont enregistrées sur des serveurs dans le monde entier, et les vols et fuites de données sont lourds de conséquences sur le plan économique, social et politique. La question de savoir qui – les individus, les entreprises ou les gouvernements – contrôle quelles données fait également débat.

Les menaces qui pèsent sur notre sécurité peuvent être d'ordre personnel ou sociétal. Beaucoup de gens ressentent de l'insécurité financière et professionnelle. Et malgré des rues plus sûres et une criminalité en baisse, le risque perçu augmente. Les familles et les communautés s'inquiètent de la sécurité de leurs enfants. L'éducation peut jouer un rôle, car elle peut contribuer à cerner, à prévenir et à atténuer les risques d'atteinte à la sécurité. Elle peut aussi aider les élèves à distinguer le risque perçu du risque réel et à devenir résilients et mieux préparer les citoyens à résister à l'adversité.

Vivre mieux, vivre plus longtemps

Nos sociétés vieillissent. La probabilité de vivre une dizaine, voire une vingtaine d'années de plus après l'âge moyen de la retraite soulève des questions profondes sur la nature de cette tranche de vie. Les seniors en bonne santé travaillent et vivent plus longtemps et sont en moyenne plus riches, ce qui crée de nouveaux débouchés sur le marché des biens et services spécifiques à ce groupe. Il y a cependant des risques : la prévalence de troubles tels que le diabète et la démence augmente et le rétrécissement des cercles sociaux peut plonger les personnes âgées dans la solitude. La numérisation peut contribuer à atténuer bon nombre des risques liés à la fragilité et à la dépendance croissantes, mais fait peser de nouvelles menaces, par exemple les escroqueries sur Internet qui prennent les personnes âgées pour cible.

Ces tendances nous invitent à réfléchir au rôle de l'éducation pour les adultes plus âgés alors qu'il est si souvent confiné à la jeunesse. Quel est le meilleur moyen de promouvoir une culture de l'apprentissage tout au long de la vie ? Comment ajouter à l'apprentissage tout au long de la vie l'apprentissage dans tous les aspects de la vie et du bien-être ?

Les cultures modernes

Nous semblons vivre dans un monde plus individualiste, où le sentiment d'appartenir à une communauté, à une religion, à une profession ou autre groupe traditionnel perd de sa force. Parallèlement, la notion de « société en réseau » donne à penser que ce sentiment d'appartenance évolue, mais ne disparaît pas. Les modes de travail et de vie évoluent, le mariage n'a plus la cote, le taux d'emploi des femmes augmente et de plus en plus d'hommes s'occupent activement de leurs enfants. Les sites en ligne facilitent les relations entre vendeurs et acheteurs, suppriment la notion de distance entre eux et transforment notre conception de la propriété, puisque nous avons de plus en plus tendance à payer l'accès à des biens (à des livres ou à des albums de musique, par exemple) plutôt qu'à acheter ces biens. Nous commençons aussi à considérer nos habitudes de consommation sous l'angle de la durabilité et de l'éthique et à tenter de réduire notre empreinte environnementale, en optant par exemple pour un véhicule électrique.

L'éducation est cruciale pour amener les individus à acquérir les connaissances, les compétences et les attitudes requises pour réussir leur vie personnelle et professionnelle dans le monde moderne. Avec la numérisation galopante, les systèmes d'éducation doivent tirer parti des outils et des atouts des nouvelles technologies tout en tenant compte des dérives auxquelles elles peuvent donner lieu, par exemple le cyberharcèlement, l'usurpation d'identité et les escroqueries.

Préparer l'avenir

Les grandes mutations qui transforment l'éducation 2019 aborde un large éventail de thématiques en rapport avec la mondialisation, la démocratie et la citoyenneté, la sécurité, le vieillissement et les cultures modernes. Établir des liens entre ces grandes tendances et l'éducation est un moyen d'élargir nos horizons et d'éclairer les fondements du processus de décision.

Se baser sur ces tendances pour réfléchir à l'avenir est utile, mais d'autres méthodes de prévision sont également importantes. Chaque chapitre se termine par une série d'hypothèses plausibles, mais inattendues sur la façon dont les tendances actuelles pourraient évoluer. Par cet ouvrage, nous voulons tordre le cou aux idées reçues, être source d'inspiration et, surtout, chercher à savoir ce que telle ou telle tendance implique pour l'avenir des systèmes d'éducation et ce que chacun peut faire.

Les grandes tendances mondiales et l'avenir de l'éducation

L'éducation dans un monde en mutation

Comment l'éducation peut-elle suivre un monde en mutation ? Nous vivons sur une planète très peuplée. Il y a de plus en plus de naissances, et nous vivons de plus en plus longtemps. L'enrichissement entraîne une hausse de la consommation, ce qui soulève toutefois des questions sur les effets de nos habitudes collectives sur l'environnement et la société.

La transformation numérique sans précédent de l'économie et de la société promet d'accroître la complexité de la vie moderne ainsi que le rythme de changement, en grande partie à cause de l'essor de la connectivité et du nombre de plus en plus élevé d'individus instruits dans le monde. Avec ces deux éléments – la complexité et le rythme du changement –, il est plus urgent que jamais d'établir des liens entre l'éducation et les tendances qui façonnent le monde dans lequel nous vivons.

L'adjectif « urgent » appelle à l'action. Mais ce n'est pas nécessairement négatif, même si l'accroissement et le vieillissement démographiques, les inégalités, le changement climatique et la rareté des ressources sont autant de phénomènes qui nous poussent à nous concentrer sur la durabilité et les besoins des générations futures. Néanmoins, l'urgence est également source de nouvelles possibilités, une fenêtre de tir, comme le montre la grande capacité de la numérisation de transformer, de relier et d'autonomiser.

Examiner l'avenir de l'éducation compte tenu des grandes tendances mondiales sert deux objectifs principaux. Le premier tient à la nécessité de mieux préparer l'éducation aux changements à l'œuvre dans le domaine économique, social et technologique. L'éducation doit évoluer pour continuer de s'acquitter de sa mission, qui est d'aider les individus à s'épanouir et à devenir des travailleurs qualifiés et des citoyens responsables. Elle doit rester capable de continuer de façonner l'identité de nos enfants et de les aider à s'intégrer dans la société. Dans un monde complexe en mutation rapide, il pourrait être nécessaire à cet effet de réorganiser les cadres formels et informels d'apprentissage et de repenser le contenu des cours et la façon de les dispenser. Dans un monde vieillissant, ces changements s'appliqueront vraisemblablement non seulement à la formation initiale, mais aussi à l'apprentissage tout au long de la vie.

Le deuxième objectif réside dans le fait que cette analyse est indispensable pour mieux comprendre en quoi l'éducation peut influer sur ces tendances. L'éducation peut améliorer le sort des plus défavorisés en les amenant à acquérir les compétences et les savoir-faire requis pour évoluer dans le monde moderne. C'est un levier très efficace pour réduire les inégalités. L'éducation peut contribuer à lutter contre la fragmentation et la polarisation en cours de nos sociétés et à amener les individus et les communautés à prendre le contrôle de leurs propres processus civiques et institutions démocratiques. L'accès à l'apprentissage et à la connaissance a le mérite non seulement d'ouvrir des possibilités individuelles et collectives, mais également de pouvoir façonner l'avenir de notre monde globalisé.

Toutefois, il n'y a pas de moyen direct d'établir des liens entre l'éducation et les grandes tendances mondiales. L'avenir est en soi imprévisible, parce qu'il se « fabrique » en permanence. La réflexion stratégique sur l'éducation à long terme doit donc tenir compte non seulement des tendances actuelles, mais aussi des diverses façons dont elles pourraient évoluer à l'avenir.

Les tendances et la réflexion sur l'avenir

Les avis divergent sur certains changements historiques et l'avenir n'est jamais que l'évolution des tendances du passé, même lorsqu'il y a consensus. De plus, nous ne pouvons prévoir quelles tendances se poursuivront, ni quelles tendances seront remplacées par d'autres ; nous ne pouvons pas non plus prévoir dans quel contexte cela aura lieu. Nous risquerions de nous fourvoyer totalement dans certains cas.

> *« Nous n'aimons pas leur son, et la guitare est passée de mode. »*
>
> *Decca Recording Co, la maison de disques qui a refusé un contrat aux Beatles en 1962*

Dans le même ordre d'idée, il n'est pas certain que des tendances qui étaient ou semblaient importantes par le passé resteront marquées à l'avenir ; de nouvelles tendances, à peine visibles aujourd'hui, pourraient devenir cruciales à l'avenir. Albert Einstein a par exemple déclaré en 1932 :

> *« Il n'existe aucun indice que l'on obtiendra un jour de l'énergie nucléaire. Cela signifierait que l'on pourrait diviser l'atome à volonté. »*
>
> *Albert Einstein, en 1932*

En l'absence de faits concrets sur l'avenir, la seule façon de comprendre l'avenir est de dialoguer. On ne peut observer passivement l'avenir. Il faut en parler activement pour en tirer des enseignements. Ces enseignements pourront alors être utilisés pour concevoir des mesures à prendre aujourd'hui.

Pertinence, prévisibilité et impact

La série *Les grandes mutations qui transforment l'éducation* vise à alimenter de façon créative la réflexion stratégique sur l'éducation à long terme. Les ministères, les organisations internationales, les associations professionnelles, les fédérations d'élèves et des organisations de la société civile la consultent dans le cadre de leurs exercices de planification stratégique. Elle figure au programme de cours de futurs enseignants, est utilisée en classe par des enseignants et sert de référence aux conseils scolaires et aux parents qui réfléchissent à l'avenir.

Les travaux effectués dans le cadre de cette série sont les plus utiles lorsqu'ils sont considérés comme des outils, à adapter au contexte spécifique de chaque lecteur. Il faut se poser deux grandes questions à cet effet :

Quelle est la pertinence de la tendance dans mon contexte ?

Le contexte est important. Le vieillissement démographique peut par exemple être un défi plus difficile à relever en milieu rural qu'en milieu urbain ou être concentré dans certaines parties d'une région ou dans certains quartiers d'une ville. L'impact de la plupart des tendances dépend de la situation géographique, historique, politique ou culturelle.

Jusqu'à quel point cette tendance est-elle prévisible ?

Les tendances ne se ressemblent pas. Certaines, par exemple celles liées à la croissance démographique ou au changement climatique, sont faciles à prévoir à long terme. D'autres, comme celles liées à la technologie ou à la culture chez les jeunes, le sont moins. Pour ces tendances qui évoluent rapidement, il est certainement beaucoup plus probant de créer plusieurs scénarios d'évolution envisageables plutôt que de s'en tenir aux seules tendances actuelles.

Quels sont les effets et le rythme de cette tendance ?

Certaines tendances sont lentes (la température a augmenté de 0.8°C environ au cours des 100 dernières années), tandis que d'autres sont rapides (le nombre d'utilisateurs actifs de Facebook est passé de 0 à 1 milliard en 8 ans). Les tendances plus lentes donnent plus de temps pour réfléchir à leurs effets et à la façon d'y faire face, mais elles sont aussi plus difficiles à infléchir. Le changement climatique est par exemple un phénomène lent, mais ses effets potentiels sont tellement énormes qu'ils menacent la vie sur notre planète.

Pouvons-nous influer sur cette tendance ?

Même si les tendances sont imprévisibles, il est possible de les infléchir. Des mesures prises par des pairs ou des parents d'élève peuvent endiguer le cyberharcèlement en milieu scolaire, par exemple. L'action mieux coordonnée de nombreux acteurs différents, les conseils de direction des établissements d'enseignement et les pouvoirs publics, peut modifier les politiques de lutte contre le cyberharcèlement et la réglementation concernant ce phénomène. Tous ces éléments sont importants pour réduire la prévalence de ce phénomène néfaste.

Comment réagir à ces tendances ?

Créer la flexibilité indispensable pour réagir à l'imprévu est important. Prenons l'exemple des dispositifs de crise prévus pour gérer des épisodes climatiques extrêmes en milieu urbain, qui prévoient un éventail de scénarios d'intervention, à appliquer ou non en cas de crise majeure. La clé est d'allier flexibilité et réactivité, même en cas d'événements imprévus.

D'autres tendances à prendre en considération ?

Sans aucun doute. Les tendances analysées dans cet ouvrage révèlent la situation actuelle dans un monde en pleine mutation. Cet ouvrage est volontairement succinct pour être utile, mais d'autres tendances sont certainement aussi importantes à prendre en considération. Les quatre éditions précédentes de *Les grandes mutations qui transforment l'éducation* examinent d'autres tendances qui restent d'actualité, et nous invitons nos lecteurs les plus assidus à s'y replonger. Petit conseil, optez pour l'édition de 2016 si vous vous intéressez aux villes et aux biotechnologies, mais pour l'édition de 2013 si ce sont les compétences et le bien-être qui vous passionnent.

Une dernière chose...

Établir des liens entre les grandes tendances et l'éducation est un moyen d'élargir nos horizons et d'éclairer les fondements du processus politique. Par cet ouvrage, nous voulons tordre le cou aux idées reçues, être source d'inspiration et, surtout, aider à répondre aux questions « Qu'est-ce que cette tendance implique pour mon travail ? », « Que puis-je faire ? ».

Une grande partie des travaux du CERI est réalisée en vue d'étayer davantage par des données probantes les décisions relatives à l'éducation, de tenir compte des tendances observées ailleurs et en d'autres temps et de prendre en considération l'ensemble de la situation. Cet ouvrage perpétue fièrement cette tradition.

Chapitre 1. Déplacement du centre de gravité mondial

La mondialisation et l'interdépendance montent en puissance. La croissance économique a sorti beaucoup de gens de la pauvreté, mais il reste des défis à relever et l'éducation a un rôle important à jouer. Ce chapitre analyse cette thématique sous cinq angles :

Le changement de puissance économique *: analyse de la croissance économique spectaculaire de pays d'Asie et de l'essor de la classe moyenne mondiale qui en résulte.*

Un marché mondial *: analyse de l'interdépendance croissante des marchés, grâce à l'expansion rapide du transport aérien et des exportations mondiales de biens et services.*

La mobilité à l'heure de la mondialisation *: description des tendances en matière de mobilité internationale, de migration et de transferts de fonds personnels.*

L'e-planète *: description des tendances de consommation dans le monde et analyse du problème croissant des déchets électriques et électroniques.*

Nouveaux acteurs, nouvelle donne ? *: description du rôle important que l'innovation joue dans l'économie du savoir, illustré par des exemples concernant les énergies propres et l'intelligence artificielle (IA).*

Des liens sont ensuite établis entre les tendances mondiales décrites dans ce chapitre et l'éducation. Ce chapitre porte sur l'ensemble de l'éducation, de l'éducation de la petite enfance à l'apprentissage tout au long de la vie. En conclusion, ce chapitre montre qu'utiliser différents scénarios de ce que l'avenir nous réserve peut nous aider à mieux nous préparer à l'inconnu.

Les données statistiques concernant Israël sont fournies par et sous la responsabilité des autorités israéliennes compétentes. L'utilisation de ces données par l'OCDE est sans préjudice du statut des hauteurs du Golan, de Jérusalem-Est et des colonies de peuplement israéliennes en Cisjordanie aux termes du droit international.

DÉPLACEMENT DU CENTRE DE GRAVITÉ MONDIAL : VUE D'ENSEMBLE

La puissance économique change de mains, comme le montre l'émergence d'économies géantes, en particulier la Chine et l'Inde. La mondialisation facilite l'émergence de réseaux transnationaux et la croissance économique qui va de pair avec ce phénomène a sorti beaucoup de gens de la pauvreté, qui viennent ainsi gonfler les rangs de la classe moyenne dans le monde. La mobilité internationale des personnes a augmenté sous l'effet de la baisse des prix des transports et des communications. La mondialisation est toutefois à l'origine de nouveaux défis : augmentation de la consommation, exploitation non durable des ressources et sentiment, chez certains, de devenir des laissés-pour-compte. Tout l'enjeu réside dans la capacité des pays d'intensifier leurs efforts conjoints pour contrer les tendances négatives, telles que l'écart qui se creuse entre les riches et les pauvres.

MONDIALISATION | DÉMOCRATIE | SÉCURITÉ | VIEILLISSEMENT | CULTURES MODERNES

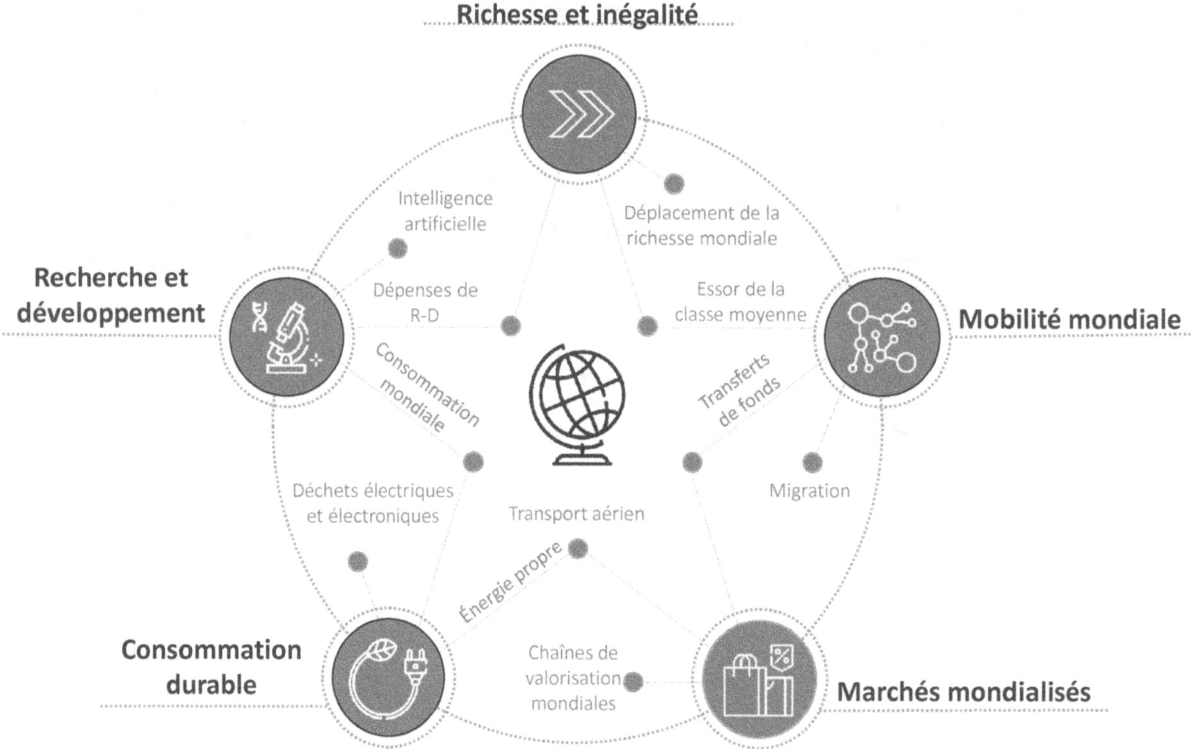

Faits marquants

Le problème des déchets électriques et électroniques

Plus de **44** millions

de tonnes de déchets électriques et électroniques produits en 2016, soit le poids de 4 400 Tours Eiffel.

20 % seulement ont été recyclés.

La mobilité de l'argent

Les transferts de fonds individuels sont désormais une source importante de revenus dans certains pays.

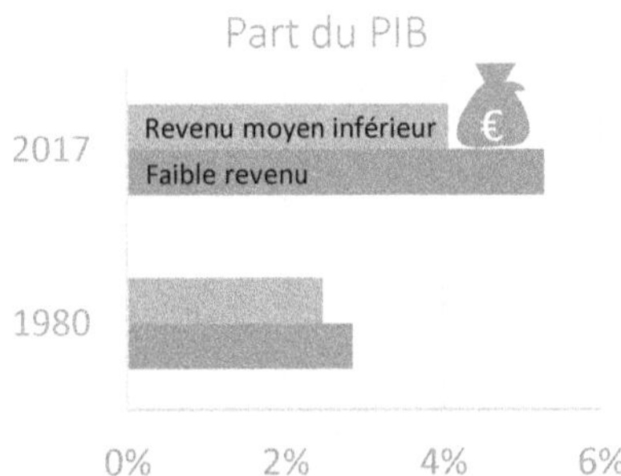

De nouveaux horizons d'innovation

Près de 1 000 % de brevets d'intelligence artificielle en plus en 15 ans

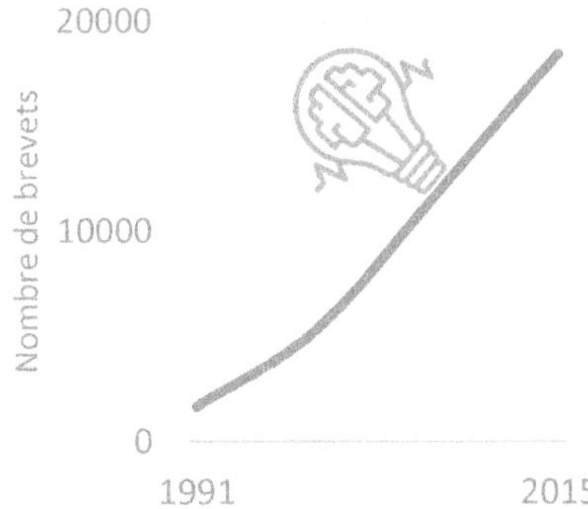

Une nouvelle puissance économique

La part de la Chine dans le PIB mondial a quadruplé entre 1990 et 2016, tandis que celle des États-Unis a chuté, passant de 21 % à 15 %.

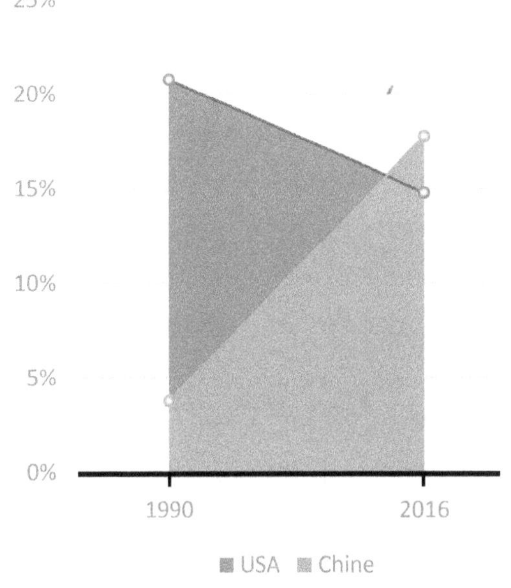

Une plus grande mobilité mondiale

Le nombre de passagers aériens a augmenté dans le monde, passant d'un peu plus de 300 millions en 1970 à près de 3.7 milliards en 2016.

DE NOUVELLES PUISSANCES ÉCONOMIQUES

Le centre de gravité économique se déplace, et des économies telles que la Chine et l'Inde montent en puissance. Cette évolution a des effets sur l'emploi et les salaires dans les pays de l'OCDE qui font face à une concurrence accrue de l'Asie dans tout le spectre de compétences. Parallèlement, la taille de la classe moyenne augmente rapidement en Asie. Une classe moyenne qui prend de l'ampleur peut doper la croissance économique grâce à la hausse de la demande de biens et services, mais peut aussi faire pression sur les gouvernements pour obtenir que les services publics soient plus nombreux et de meilleure qualité, par exemple dans l'éducation et les soins de santé. Côté offre, si l'enseignement est de meilleure qualité, la main-d'œuvre est mieux formée, le potentiel d'innovation est plus important et les régions et les pays concernés sont plus compétitifs sur le plan économique.

Graphique 1.1. Part de la Chine et de l'Inde

Évolution des parts de la production mondiale (en pourcentage) en USD, PPA de 2010, entre 2005 et 2030

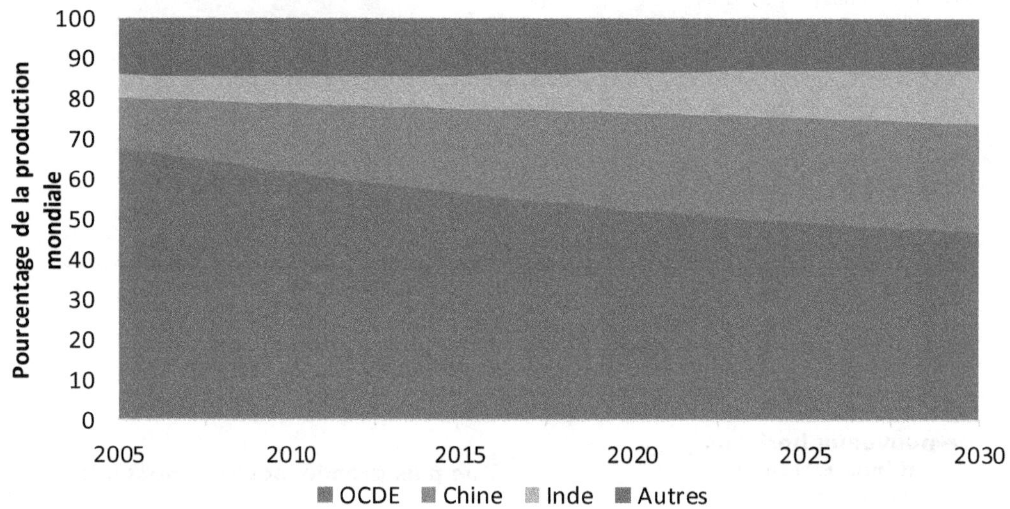

Remarque : la production mondiale correspond à la somme du PIB réel des pays, exprimé en dollars internationaux, sur la base des parités de pouvoir d'achat (PPA). Le modèle à long terme inclut 46 pays, qui représentent à ce jour 82 % environ de la production mondiale (voir StatLink pour des informations complètes).

Source : Guillemette, Y., et D. Turner (2018), « The long view: Scenarios for the world economy to 2060 », https://doi.org/10.1787/b4f4e03e-en.

StatLink https://doi.org/10.1787/888933888241

Le centre de gravité de l'économie mondiale se déplace vers l'Asie. La Chine et l'Inde comptent parmi les économies à la croissance la plus rapide ces dernières années et sont désormais deux des plus grandes puissances économiques mondiales. Ensemble, elles représentent près d'un quart du PIB mondial. Leur bilan a évolué à un rythme vertigineux : la part de la Chine dans le PIB mondial est passée de près de 4 % en 1990 à 18 % en 2016, alors que celle de l'Inde a doublé, passant de 3 % à 7 %. Dans le même temps, la part des États-Unis dans le PIB mondial a diminué, passant de 21 % à 15 %, comme celle du Japon, qui est passée de 8 % à 4 %. La puissance économique vire vers l'Asie, la tendance est nette et devrait se poursuivre.

La croissance économique mondiale a sorti des centaines de millions de personnes de la pauvreté et a gonflé les rangs de la classe moyenne (soit les individus dont le revenu est compris entre 10 USD et 100 USD par jour). La population mondiale a presque triplé entre 1961 et 2016. La taille de la classe moyenne a quant à elle été multipliée par plus de 10, pour atteindre 3.2 milliards de personnes environ. Cette croissance devrait s'accélérer dans les décennies à venir. Au cours des dix prochaines années, une majorité de la population mondiale réussira se hisser dans la classe moyenne. Cette croissance est largement imputable à la Chine et à l'Inde : on estime que 90 % du milliard d'individus qui feront leur entrée dans la classe moyenne sont asiatiques. Par contraste, la classe moyenne n'évolue plus en Europe et en Amérique du Nord.

Graphique 1.2. L'essor de la classe moyenne dans le monde

Évolution de la taille estimée de la classe moyenne, en pourcentage de la population mondiale (à gauche) et en milliards d'habitants (à droite), entre 1950 et 2030

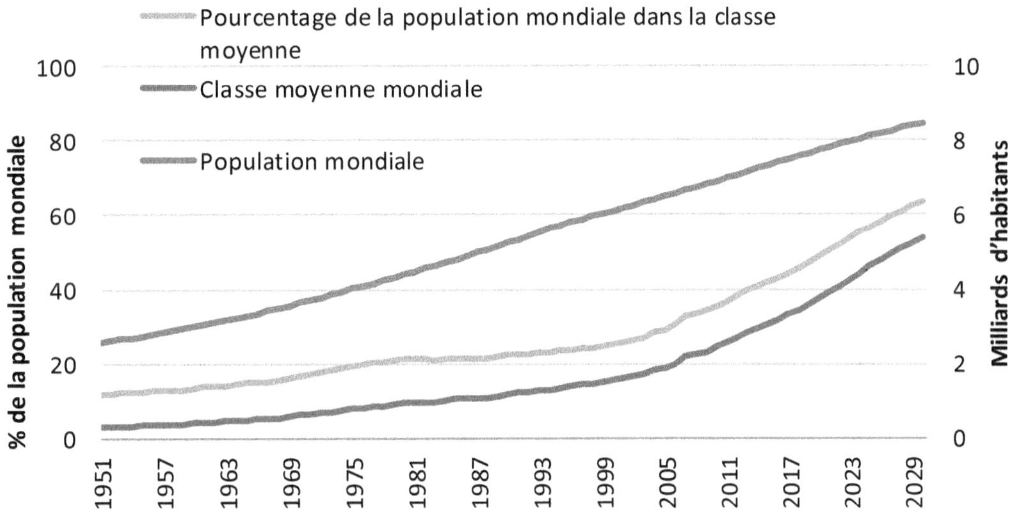

Source : Kharas, H. (2017), « The unprecedented expansion of the global middle class, an update », www.brookings.edu ; Kharas, H. (2010), « The emerging middle class in developing countries », www.oecd.org/dev/44457738.pdf.

StatLink https://doi.org/10.1787/888933888260

Quelles conséquences pour l'éducation ?

- La formation initiale et l'apprentissage tout au long de la vie contribuent à sortir les individus de la pauvreté, en leur permettant notamment d'acquérir des compétences recherchées sur le marché du travail. Que faire pour renforcer cette fonction de l'éducation ? Et quel rôle l'apprentissage non formel joue-t-il dans ce processus ?
- Comment garantir l'accès à un enseignement de qualité alors que les inégalités socio-économiques se creusent ? La réponse est-elle différente dans l'enseignement supérieur et dans l'éducation de la petite enfance ?
- L'école et l'université devraient-elles chercher à comprendre la demande sur le marché du travail mondial afin de préparer leurs effectifs à travailler à l'étranger et dans des multinationales ? Quels aspects de la sensibilité et de la coopération interculturelles peut-on enseigner ?

UN MARCHÉ MONDIAL

Les économies et les pays sont de plus en plus étroitement liés et interdépendants à mesure que les restrictions sur les échanges mondiaux et les flux de main-d'œuvre s'assouplissent. Sous l'effet de la démocratisation des prix du transport et de la numérisation, la mobilité des biens et services dans les chaînes d'approvisionnement reflète la nature mondiale des marchés et les possibilités, mutuellement profitables, qui en découlent. L'ouverture ne suffit toutefois pas pour que tout le monde profite concrètement des retombées des échanges, et les gouvernements doivent encourager l'innovation et doper le potentiel et la compétitivité de leur pays. En quoi les systèmes d'éducation peuvent-ils aider les citoyens à contribuer à une gouvernance saine et durable de l'économie mondiale ? Comment l'éducation peut-elle aider les individus à acquérir les compétences requises sur un marché mondial ?

Graphique 1.3. Prêt à décoller ?

Évolution du nombre de passagers (à gauche) et du volume de fret (à droite) dans le transport aérien, entre 1970 et 2017

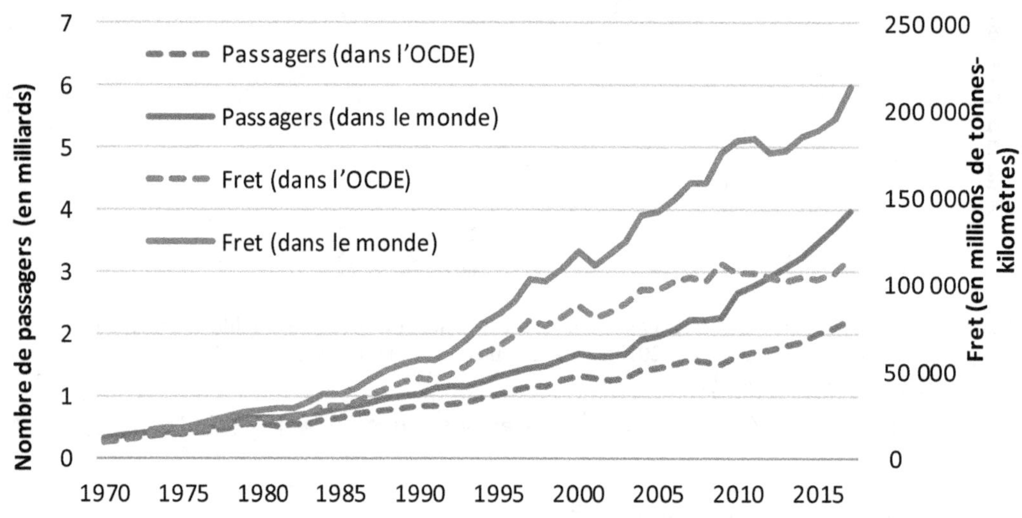

Source : Banque mondiale (2018), « Transport aérien, voyageurs » et « Transport aérien, fret », https://data.worldbank.org/.

StatLink https://doi.org/10.1787/888933888279

La mobilité mondiale des personnes et des biens augmente, car les moyens de transport, en particulier le transport aérien, sont plus abordables et plus accessibles. La souplesse de la réglementation et l'essor des compagnies aériennes *low cost* ont facilité l'expansion des réseaux aériens. Le nombre de passagers aériens a augmenté de façon régulière, passant d'un peu plus de 300 millions en 1970 à près de 4 milliards en 2017. Ce nombre devrait doubler d'ici 2030 et quadrupler d'ici 2050, l'Asie enregistrant la croissance la plus importante. De même, le volume de fret aérien (le volume de marchandises transportées par avion) a été multiplié par 12 depuis 1970. Les pays de l'OCDE représentent toujours plus de la moitié du total des flux aériens, mais leur part a diminué au fil du temps. Les économies émergentes, parmi lesquelles le Brésil, la Chine, l'Inde et la Russie, ont massivement contribué à la croissance récente du transport aérien.

La mobilité mondiale est facilitée par l'intégration des systèmes commerciaux dans le monde. De nombreux biens et services sont conçus, mis au point et livrés dans des pays différents dans le cadre de chaînes de valeur mondiales. La mobilité internationale des personnes ne représente pas une grande partie des échanges de services, mais elle est essentielle pour les opérations commerciales internationales. C'est la raison pour laquelle de nombreux accords commerciaux couvrent des aspects qui vont au-delà des droits d'importation et abordent des questions essentielles telles que celles liées à la mobilité des personnes et aux normes applicables aux travailleurs. Toutefois, il reste des obstacles à la libéralisation des échanges, et une coopération internationale s'impose pour que les règles des échanges mondiaux soient justes, transparentes et respectées. Des politiques s'imposent aussi à l'échelle nationale – notamment dans le domaine de l'éducation – pour doper l'innovation et la création d'emplois et contribuer à faire en sorte que tous profitent des occasions qu'offre l'ouverture des marchés.

Graphique 1.4. Des échanges mondiaux interdépendants

Évolution des exportations mondiales par origine (à gauche) et par type (à droite), entre 1995 et 2015

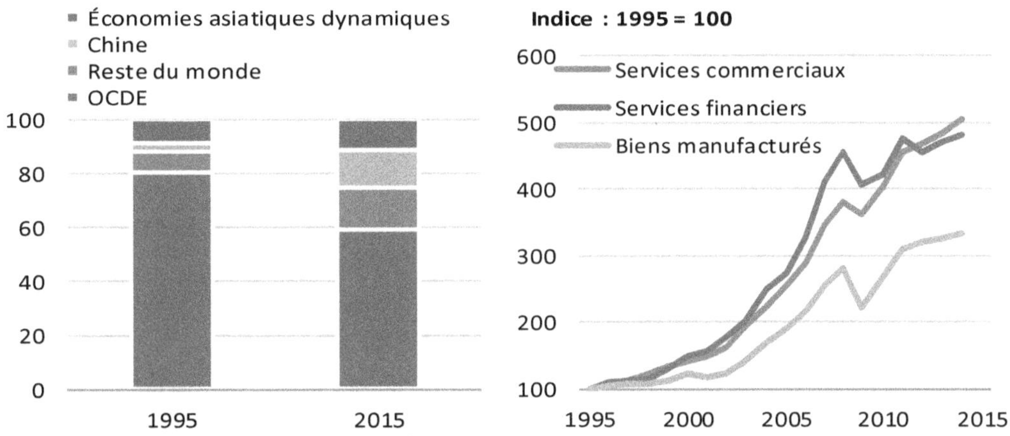

Remarque : les services commerciaux se rapportent à la R-D, aux TIC, à l'immobilier et à d'autres activités commerciales. Les services financiers se rapportent à l'intermédiation financière, aux assurances, aux fonds de pension et à d'autres activités financières.

Source : OCDE (2017), « Global trade, policies, and populism », www.oecd.org/tad/policynotes/Global-Trade-Policies-and-Populism.pdf.

StatLink https://doi.org/10.1787/888933888298

Quelles conséquences pour l'éducation ?

- La transférabilité des compétences et des expériences est l'un des grands défis à relever dans un monde placé sous le signe de la diversité et de la mobilité. Nos systèmes d'éducation et nos marchés du travail sont-ils en mesure de reconnaître de façon adéquate les compétences et les acquis antérieurs ?
- Tout devient plus mobile et plus flexible dans le monde. Des initiatives telles que l'apprentissage en ligne, les cours gratuits en ligne (*Massive open online courses*, MOOC) et l'apprentissage tout au long de la vie tiennent-elles vraiment leurs promesses ? Comment les rendre plus efficaces ?
- Aujourd'hui, les migrations sont plus temporaires ou circulaires que permanentes. Quelles en sont les implications pour l'éducation à la citoyenneté et l'identité ? Un citoyen du monde peut-il avoir une identité nationale ? Et inversement ?

LA MOBILITÉ À L'HEURE DE LA MONDIALISATION

Les technologies de l'information et la démocratisation des prix du transport ont facilité la mobilité des personnes, des biens et des services dans le monde. La mobilité des personnes apporte du talent et des idées dans tous les métiers, qu'ils soient très qualifiés ou peu qualifiés, favorise le transfert de connaissances et multiplie les débouchés économiques. De plus, les travailleurs expatriés envoient de l'argent dans leur pays natal, ce qui en stimule l'économie. La mondialisation à l'œuvre crée toutefois de nouveaux défis. Dans l'éducation, la mobilité accrue implique une plus grande diversité en classe ainsi que l'internationalisation de l'enseignement supérieur. L'éducation a un rôle important à jouer : elle permet aux jeunes d'acquérir les compétences dont ils auront besoin à l'avenir, dans le village mondial.

Graphique 1.5. La mobilité des personnes en hausse

Évolution estimée du nombre de migrants internationaux par région de destination, entre 1990 et 2017

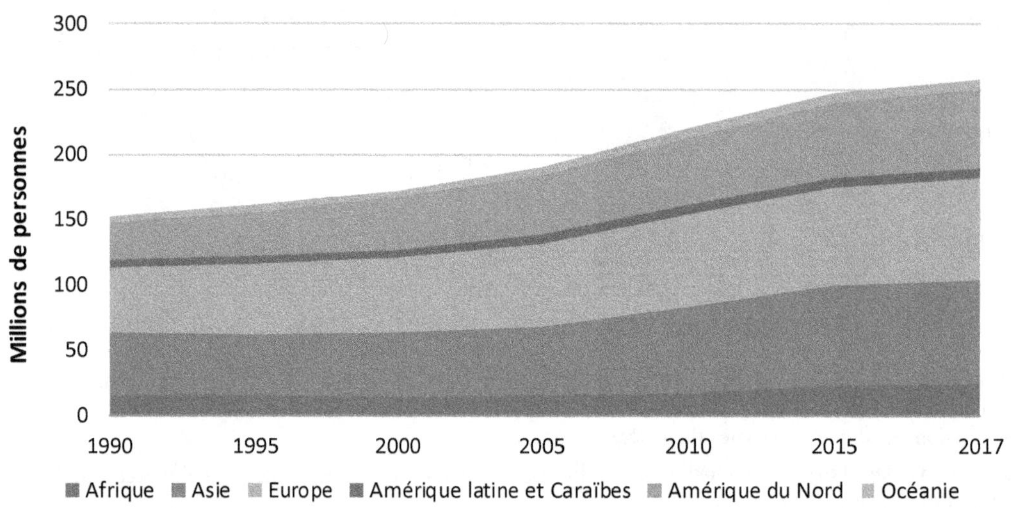

Remarque : l'Amérique du Nord comprend les Bermudes, le Canada, les États-Unis, le Groenland, Saint-Pierre-et-Miquelon et le Mexique.

Source : Organisation des Nations Unies (2017), « International migrant stock: The 2017 revision » (base de données), www.un.org/en/development/desa/population/migration/data/.

StatLink https://doi.org/10.1787/888933888317

Entre 1990 et 2017, le nombre total de migrants internationaux a augmenté de 69 %, passant de 153 millions à 258 millions de personnes. Aujourd'hui, les migrants internationaux représentent un peu plus de 3 % de la population mondiale. La mobilité internationale est en hausse dans le monde entier, et la plupart des migrations sont enregistrées entre des pays en développement. C'est désormais l'Asie, et non l'Europe, qui est la destination la plus prisée : 2 millions de migrants environ y ont débarqué chaque année entre 2000 et 2017, contre 1.4 million en Europe. Entre 1990 et 2017, l'Asie a accueilli plus de 31 millions de migrants internationaux ; viennent ensuite l'Amérique du Nord (30 millions) et l'Europe (29 millions).

L'accroissement des flux migratoires est allé de pair avec une augmentation des transferts de fonds à destination des pays à faible revenu ou à revenu intermédiaire, qui ont atteint 439 milliards d'USD en 2017. Les transferts de fonds représentent une grande partie des recettes nationales dans les pays à faible revenu (de l'ordre de 5 % du PIB moyen en 2017), et aident les habitants à investir dans l'éducation et dans des activités rémunératrices, contribuant ainsi à réduire la pauvreté. Au fil du temps, les transferts de fonds ont fini par dépasser le budget de l'aide publique au développement (APD). Aujourd'hui, ils représentent plus du triple du budget de l'APD. Des innovations telles que les cryptomonnaies et les applications dérivées de la *blockchain* pourraient améliorer le cadre des transferts de fonds, car elles réduisent sensiblement le coût et le délai des envois internationaux d'argent.

Graphique 1.6. Envoi d'argent au pays d'origine

Évolution du montant des transferts de fonds personnels par comparaison avec d'autres ressources à destination des pays en développement, entre 1970 et 2017

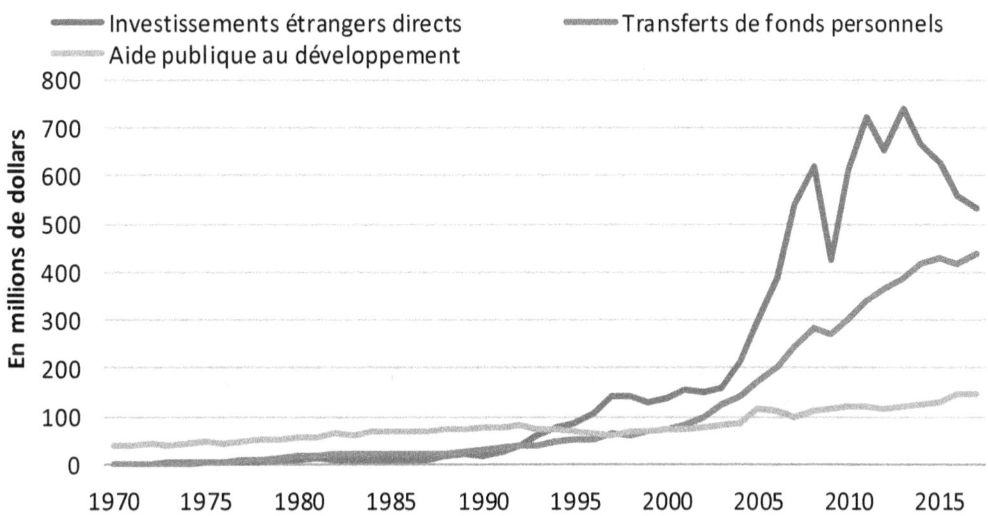

Remarque : les données sur les investissements étrangers directs (IED) et les transferts de fonds personnels se rapportent aux pays à faible revenu et à revenu intermédiaire. Les données sur l'aide publique au développement (APD) se rapportent à l'aide versée par les pays membres du Comité d'aide au développement (CAD) de l'OCDE, à l'exclusion des prêts et crédits au titre de dépenses militaires.

Source : Banque mondiale (2018), « Investissements étrangers directs, entrées nettes » et « Transferts personnels » (indicateurs), https://data.worldbank.org/ ; et OCDE (2018), « APD nette » (indicateur), https://doi.org/10.1787/33346549-en.

StatLink https://doi.org/10.1787/888933888336

Quelles conséquences pour l'éducation ?

- Comment les systèmes d'éducation peuvent-ils mieux accueillir des élèves issus de cultures, d'horizons et de milieux socio-économiques divers ? Comment peuvent-ils s'y prendre pour affecter des ressources aux élèves qui ont davantage besoin d'aide ?
- Les étudiants en mobilité internationale ont-ils le devoir de rentrer dans leur pays d'origine pour y transmettre leurs connaissances ? Quel rôle les pays de l'OCDE ont-ils dans la lutte contre la fuite des cerveaux ?
- Quelle responsabilité l'école a-t-elle dans la transmission des valeurs de la société ? Comment aider les enseignants dans cette tâche ?

L'E-PLANÈTE

Les révolutions technologiques ont transformé les modes de consommation dans le monde. Des coûts de production en baisse permettent à plus de gens de s'acheter des appareils informatiques et d'entrer dans le monde du numérique. Toutefois, cette consommation en hausse a ses revers. Les appareils électroniques tels que les smartphones et les tablettes sont vite obsolètes à cause des progrès technologiques rapides et sont sans cesse remplacés par de nouvelles versions, ce qui entraîne une forte augmentation des déchets électriques et électroniques contenant des matières toxiques qui peuvent être très néfastes pour l'environnement et la santé humaine. Les pays émergents sont particulièrement vulnérables au cycle non durable de production et de consommation de produits électroniques. L'éducation peut contribuer à inculquer les compétences requises pour un avenir durable.

Graphique 1.7. Consommation en hausse en Chine et en Inde

Évolution de la part de la consommation de la classe moyenne dans le monde, entre 2000 et 2030

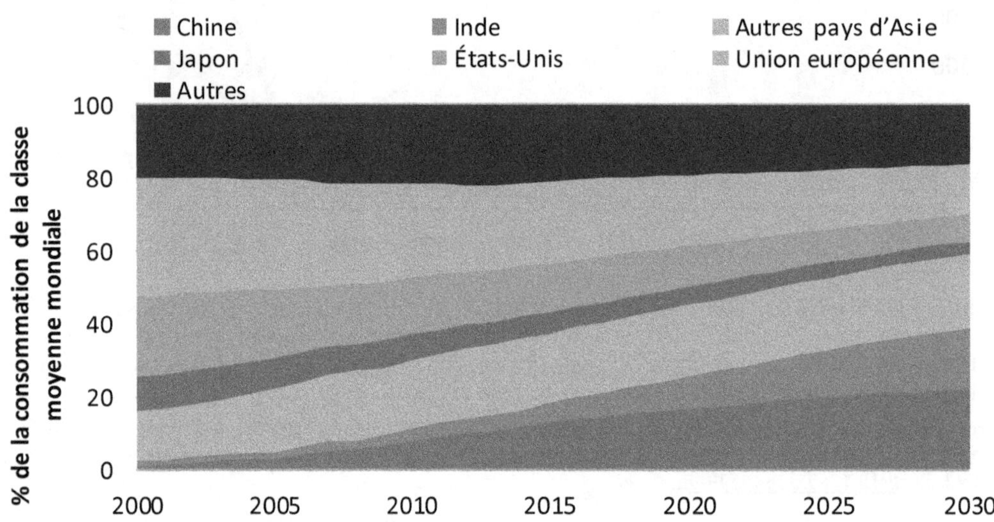

Source : Kharas, H. (2017), « The unprecedented expansion of the global middle class, an update », www.brookings.edu ; Kharas, H. (2010), « The emerging middle class in developing countries », www.oecd.org/dev/44457738.pdf.

StatLink https://doi.org/10.1787/888933888355

La répartition géographique de la consommation de la classe moyenne évolue. La croissance de la consommation est largement imputable à la Chine et à l'Inde, où les personnes qui viennent d'entrer dans la classe moyenne utilisent leur pouvoir d'achat en hausse pour acquérir des équipements. On estime qu'entre 2000 et 2030, la part de la classe moyenne dans la consommation mondiale augmentera pour passer de 1 % à 22 % en Chine et de 1 % à 17 % en Inde. Comme il s'agit de parts relatives, une baisse sensible est à prévoir aux États-Unis et, dans une moindre mesure, en Europe. La classe moyenne est un moteur puissant de croissance économique, puisqu'on lui doit un tiers des dépenses de consommation dans le monde.

La consommation mondiale d'appareils électroniques augmente, ce qui provoque une augmentation alarmante des déchets électriques et électroniques. Le volume de déchets d'équipements thermiques (réfrigérateurs, climatiseurs, etc.) devrait doubler entre 2010 et 2020.

Les seuls déchets appelés à diminuer sont ceux des écrans volumineux d'antan, qui sont remplacés par des écrans plats. Les déchets électriques et électroniques peuvent être néfastes pour l'environnement et la santé s'ils ne sont pas bien traités. En 2016, le monde a généré 45 millions de tonnes de déchets électriques et électroniques, dont 20 % seulement ont été recyclés via des canaux appropriés. Les pays émergents semblent particulièrement vulnérables aux effets néfastes de la mauvaise gestion de ces déchets, car ils servent souvent de dépotoirs et de centres informels de recyclage. Ces problèmes soulèvent des questions sur des tensions potentielles entre la recherche, l'innovation et la durabilité. Quel rôle l'éducation a-t-elle à jouer à cet égard ?

Graphique 1.8. Le problème de la croissance rapide des déchets électroniques dans le monde

Évolution du taux de croissance du volume de déchets électriques et électroniques, par catégorie, entre 2010 et 2020

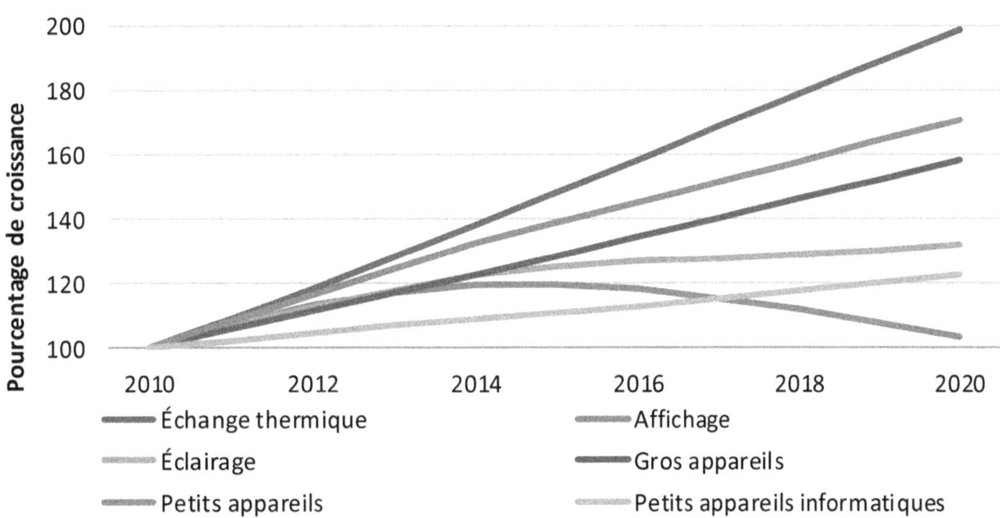

Remarque : par gros appareils, on entend les lave-linge, les grosses imprimantes et les panneaux photovoltaïques. Par petits appareils, on entend les aspirateurs, les fours à micro-ondes et les calculatrices. Par petits appareils informatiques, on entend les téléphones, les ordinateurs personnels et les imprimantes.

Source : Baldé, C., *et al.* (2017), « The Global E-waste Monitor 2017: Quantities, Flows and Resources », http://ewastemonitor.info/.

StatLink https://doi.org/10.1787/888933888374

Quelles conséquences pour l'éducation ?

- Les défis environnementaux sont mondiaux par nature. Comment les systèmes d'éducation peuvent-ils aider les pays à atteindre les objectifs de développement durable ?
- Réduire le volume de déchets électriques et électroniques produits pourrait demander des changements de comportement et l'acquisition de nouvelles compétences. Quelles compétences (ingénierie, esprit d'entreprise, recyclage, gestion des déchets, etc.) pourraient être utiles ?
- Les habitudes de consommation sont à la clé de la durabilité. Mais que faire lorsque de nouveaux produits de meilleure qualité arrivent sur le marché ? Devons-nous nous résigner à garder des appareils dépassés pour limiter le volume de déchets électriques et électroniques ? Quelles mesures les systèmes d'éducation peuvent-ils prendre pour lutter contre ce phénomène ?

NOUVEAUX ACTEURS, NOUVELLE DONNE ?

Dans des économies plus axées sur le savoir, la capacité de recherche-développement (R-D) est une priorité politique et commerciale. L'amélioration technologique s'inscrit dans un cercle vertueux avec des innovations dans des domaines aussi divers que les énergies renouvelables et l'intelligence artificielle (IA). Pour les pays, tout l'enjeu réside dans la capacité de transformer la R-D en avantages économiques et sociaux. Quant à l'éducation, l'enjeu est d'amener les élèves à acquérir les compétences de pointe, y compris les compétences sociales et affectives, requises pour mieux se placer sur des marchés du travail en constante évolution et plus axés sur le savoir. Sans oublier la question des partenariats et du rôle et des responsabilités du secteur privé.

Graphique 1.9. À l'appui des nouvelles technologies propres

Évolution des dépenses publiques et privées au titre de la R-D, entre 2012 et 2017

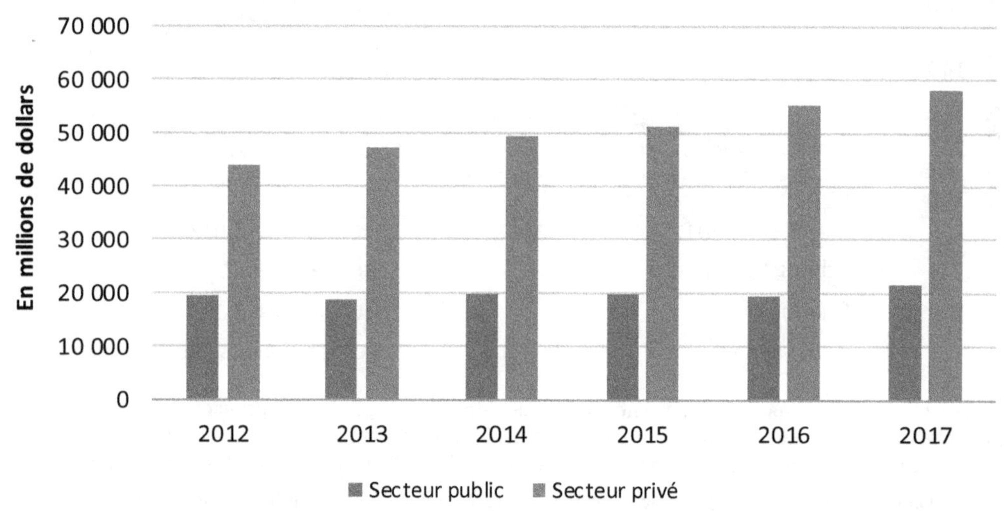

Remarque : dépenses exprimées en USD de 2017. Par énergies propres, on entend les énergies renouvelables et l'énergie nucléaire. Sont également inclus dans ce graphique les réseaux intelligents, l'efficience énergétique et la mobilité électrique. Les chiffres du secteur privé sont dérivés des données fournies par les entreprises.

Source : AIE (2018), *World Energy Investment*, https://doi.org/10.1787/9789264301351-en.

StatLink https://doi.org/10.1787/888933888393

L'investissement dans les innovations relatives aux énergies propres est une stratégie essentielle pour lutter contre le changement climatique, mais c'est aussi un pari malin sur un marché susceptible de se développer. Les dépenses privées au titre de la R-D concernant des énergies à faible émission de carbone augmentent de manière constante, les dépenses les plus élevées s'observant en Europe et en Asie. Dans le secteur public, les dépenses ont progressé de 13 % en 2017, une inversion de la tendance à la baisse ou à la stagnation de ces dernières années. Ces deux sources de financement sont importantes : dans les pays de l'OCDE, l'augmentation des dépenses de R-D tous domaines confondus est largement imputable au secteur privé plutôt qu'au secteur public, mais les deux secteurs jouent un rôle différent. Dans le domaine de la R-D, les dépenses publiques tendent à se concentrer sur les recherches préliminaires et collaboratives, tandis que les dépenses privées portent davantage sur le développement de produits et la résolution de problèmes, y compris concernant des technologies déjà commercialisées.

L'intelligence artificielle (IA) – la révolution des machines intelligentes capables d'effectuer des tâches cognitives comme les êtres humains – devrait devenir particulièrement importante dans des secteurs essentiels tels que la santé (détection des cancers), le transport (les véhicules sans conducteur) et l'environnement (consommation intelligente d'énergie). Le taux de croissance des technologies d'IA, mesuré à l'aune des brevets d'innovation dans le top cinq des offices de propriété intellectuelle du monde (IP5), a atteint une moyenne de près de 11 % par an entre 1991 et 2015. Le Japon, la Corée et les États-Unis sont en tête du classement des brevets d'IA : ensemble, ces trois pays ont introduit plus de 62 % des demandes de brevet entre 2010 et 2015. La Chine entre également dans la cour des grands. L'éducation peut faire en sorte que les élèves acquièrent les compétences requises pour rivaliser dans un monde en pleine innovation.

Graphique 1.10. L'essor des technologies d'IA

Évolution du nombre de brevets d'intelligence artificielle, entre 1991 et 2015

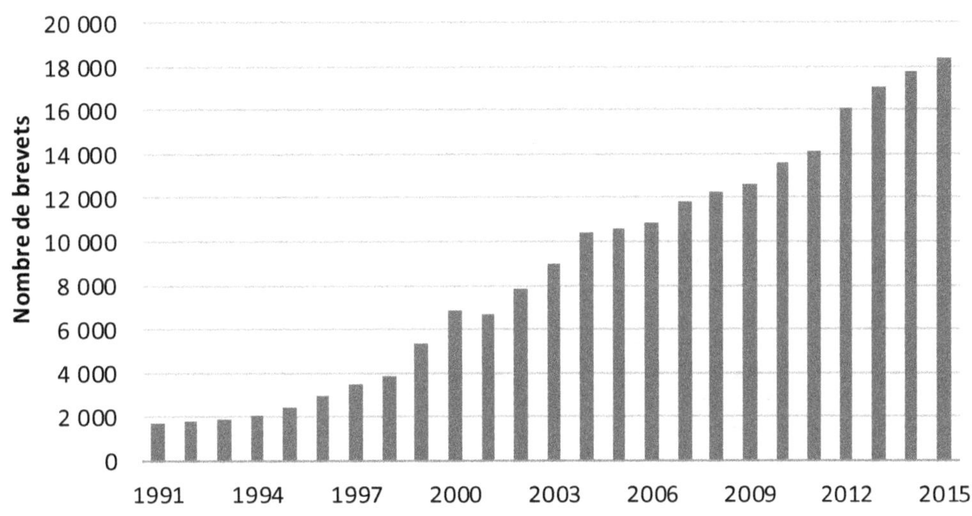

Remarque : les données se rapportent aux familles de brevets d'intelligence artificielle de l'IP5 (voir StatLink pour des informations complètes).

Source : OCDE (2018), *Science, technologie et industrie : Tableau de bord de l'OCDE 2017 : La transformation numérique*, https://doi.org/10.1787/sti_scoreboard-2017-fr.

StatLink https://doi.org/10.1787/888933888412

Quelles conséquences pour l'éducation ?

- Les fonds publics sont de plus en plus limités, ce qui peut affecter la R-D. Les coupes dans les dépenses publiques auront-elles un impact sur la capacité nationale et internationale d'innovation ? Quel rôle le secteur public a-t-il à jouer à l'appui de la recherche et de l'innovation ? D'où les financements viendront-ils ?
- Avec l'essor de l'intelligence artificielle, des *big data* (données massives) et des algorithmes sophistiqués de recherche, faut-il encore apprendre des données factuelles ? À quoi s'attendre si plus personne ne les apprend ?
- La concurrence accrue dans la recherche mondiale incite les pays à innover constamment pour garder leur avantage compétitif. La créativité requise pour être novateur est-elle valorisée et renforcée à l'école ?

LE DÉPLACEMENT DU CENTRE DE GRAVITÉ MONDIAL ET L'ÉDUCATION : EN AVANT, TOUTE !

Quelles sont les interactions entre les tendances mondiales et l'éducation ? En quoi l'éducation peut-elle influer sur ces tendances ? Quelques réponses sont évidentes et portent sur le court terme, par exemple l'impact de la technologie sur l'apprentissage et, en même temps, la possibilité pour l'école de tirer parti du potentiel de la technologie. D'autres réponses portent sur un plus long terme, par exemple la nécessité de la sensibilisation à la durabilité et à l'interdépendance mondiale.

Lier éducation et mondialisation

Compétence globale

- Renforcer la capacité des élèves d'examiner les problématiques locales, mondiales et interculturelles et de comprendre et d'apprécier des perspectives et des visions du monde différentes
- Valoriser les connaissances, compétences, valeurs et attitudes qui encouragent les élèves à agir pour le bien-être collectif et le développement durable
- Offrir des possibilités de se découvrir mutuellement par des interactions interculturelles ouvertes et appropriées

Mobilité

- Favoriser le développement ciblé de compétences (l'apprentissage linguistique, par exemple) chez les primo-arrivants (enfants et parents)
- Adapter les programmes de cours, les méthodes pédagogiques et les modes d'évaluation ainsi que la culture organisationnelle de l'école pour refléter la diversité culturelle
- Reconnaître les qualifications et les acquis antérieurs des migrants et des réfugiés
- Renforcer la mobilité et la collaboration internationale des élèves, des enseignants et des chercheurs

L'économie du savoir

- Renforcer la capacité de R&D et, à cet effet, attirer et retenir les chercheurs les plus éminents dans les établissements d'enseignement tertiaire et soutenir leurs réseaux internationaux
- Encourager l'innovation dans la jeunesse grâce aux sciences fondamentales, à la technologie et aux arts, enseigner la créativité et la collaboration et proposer des activités aux jeunes scientifiques et autres férus d'innovation
- Soutenir les partenariats entre les start-up qui travaillent avec les établissements d'enseignement tertiaire et les acteurs de l'innovation

Inégalité

- S'employer à transposer les objectifs internationaux en matière d'éducation dans le contexte national, afin que la mondialisation bénéficie à tous
- Élaborer une stratégie nationale en vue de créer et d'entretenir le capital humain grâce aux systèmes d'éducation et s'attaquer à la fuite des cerveaux
- Proposer des services d'accueil et d'éducation de la petite enfance de qualité, en particulier aux ménages à bas revenus

Réflexion : se préparer à l'incertitude

Les projets ont beau être très bien ficelés, l'avenir est imprévisible en soi. Cette section explore quelques exemples d'incertitude qui entoure les tendances abordées dans ce chapitre.

CHOCS ET SURPRISES — Interruption des communications ?

- La plupart des applications issues des technologies de la communication qui soutiennent la mondialisation fonctionnent par câbles sous-marins reliant les pays et les continents. Ces câbles ne sont pas infaillibles et peuvent être endommagés par des gouvernements ou autres acteurs hostiles. Qu'adviendra-t-il si une attaque malveillante des câbles isole un certain nombre de pays du reste du monde?
- *Quelles sont les failles qui pourraient exposer les systèmes d'éducation en cas d'interruption des communications en ligne ?*

CONTRADICTIONS — Intelligence artificielle émotionnelle?

- L'automatisation est censée affecter essentiellement les tâches manuelles et routinières. Or, plus L'IA se développe, plus il devient plausible qu'elle s'approprie bon nombre de nos capacités, telles que l'intuition, l'empathie et la créativité. Cependant, les experts ne s'accordent pas sur le nombre et la qualité des emplois créés, transformés ou qui pourraient devenir obsolète, suite à ces développements.
- *L'homme a-t-il donc encore quelque chose à apprendre dans ce monde ? À quelle vitesse serons-nous capables de nous adapter à un changement dont l'ampleur et le rythme nous sont inconnus ?*

DISCONTINUITÉS — Citoyenneté numérique sans nationalité?

- Dans un monde connecté, les applications telles que les paiements numériques et la reconnaissance faciale pourraient favoriser l'émergence d'identités numériques personnelles, dont les individus et les communautés virtuelles auraient la maîtrise totale, étant donné leur nature *peer-to-peer*? Est-ce vraiment un premier pas sur la voie d'un monde sans frontières ? Des communautés en ligne pourraient-elles commencer à fournir des services qui étaient autrefois l'apanage des États, comme dans le domaine de l'éducation ?
- *Le débat sur l'éducation publique vs l'éducation privée ne sera-t-il pas plus virulent que jamais en cas de changement sociétal rapide et radical ?*

COMPLEXITÉ — Afflux des cerveaux ?

- A mesure que certains pays prennent de l'importance sur la scène mondiale, leurs systèmes d'éducation en forte amélioration pourraient avoir un impact considérable sur les marchés mondiaux de l'emploi, de la recherche et de l'innovation, ce qui, combiné à la mobilité géographique accrue, pourrait déplacer le centre de gravité mondial de l'enseignement et de la recherche.
- *Des élèves des pays de l'OCDE se dirigeront-ils massivement vers les universités de pays émergents ? Quelles seraient les implications pour les élèves de ce déplacement des pôles mondiaux d'excellence dans la recherche et l'innovation ?*

POUR EN SAVOIR PLUS

Sources d'information pertinentes

- Baldé, C., *et al.* (2017), « The Global E-waste Monitor 2017: *Quantities, Flows and Resources*, Université des Nations Unies (UNU), Union internationale des télécommunications (UIT) et Association internationale pour la gestion des déchets solides, Bonn, Genève et Vienne, http://ewastemonitor.info/.
- Banque mondiale (2018), « Investissements étrangers directs, entrées nettes » et « Transferts personnels » (indicateurs), https://data.worldbank.org/ (indicateurs consultés le 31 octobre 2018).
- Banque mondiale (2018), « Transport aérien, voyageurs transportés » et « Transport aérien, fret » (indicateurs), https://data.worldbank.org/ (indicateurs consulté le 25 avril 2018).
- Forum international du transport (FIT) (2017), *ITF Transport Outlook 2017*, Éditions OCDE, Paris, https://doi.org/10.1787/9789282108000-en.
- Guillemette, Y. et D. Turner (2018), « The long view: Scenarios for the World Economy to 2060 », *OECD Economic Policy Papers*, nº 22, Éditions OCDE, Paris, https://doi.org/10.1787/b4f4e03e-en.
- IEA (2018), *World Energy Investment*, OCDE et Agence internationale de l'énergie, https://doi.org/10.1787/9789264301351-en.
- Kharas, H. (2010), « The emerging middle class in developing countries », *Documents de travail du Centre de développement de l'OCDE*, nº 285, Éditions OCDE www.oecd.org/dev/wp.
- Kharas, H. (2017), « The unprecedented expansion of the global middle class, an update », *Global Economy and Development*, nº 100, Brookings Institution, www.brookings.edu/wp-content/uploads/2017/02/global_20170228_global-middle-class.pdf.
- OCDE (2017), « Global trade, policies, and populism », *OECD Trade Policy Notes*, www.oecd.org/tad/policynotes/Global-Trade-Policies-and-Populism.pdf.
- OCDE (2017), « Making trade work for all », *Documents de travail de l'OCDE sur la politique commerciale*, nº 202, Éditions OCDE, Paris, https://doi.org/10.1787/6e27effd-en.
- OCDE (2018), « Aide publique au développement (APD) » (indicateur), https://www.oecd-ilibrary.org/fr/development/official-development-assistance-oda/indicator-group/french_6912ed94-fr (indicateur consulté le 31 octobre 2018).
- OCDE (2018), *Perspectives des migrations internationales 2018*, Éditions OCDE, Paris, https://doi.org/10.1787/migr_outlook-2018-fr.
- OCDE (2018), *Science, technologie et industrie : La transformation numérique*, Éditions OCDE, Paris, https://doi.org/10.1787/sti_scoreboard-2017-fr.
- ONU (2017), « International migrant stock: The 2017 revision » (base de données), Organisation des Nations Unies, www.un.org/en/development/desa/population/migration/data/ (base de données consultée le 25 avril 2018).

Glossaire

- **Appareils d'échange thermique** : appareils destinés à modifier la température, par exemple les réfrigérateurs, les congélateurs, les climatiseurs et les pompes à chaleur.

- **Blockchain** : technologie de comptabilité générale qui authentifie la propriété des actifs, les trace et facilite leur transfert numérique. Elle permet d'effectuer des transactions directes d'actifs, car elle inspire confiance et réduit l'incertitude (grâce à l'utilisation d'un code autonome fiable).
- **Brevet** : droit conféré par les gouvernements aux inventeurs en contrepartie de la divulgation de leur découverte ou invention. Ce droit permet aux inventeurs d'empêcher tout tiers d'utiliser leur invention durant une période déterminée.
- **Chaîne de valeur mondiale** : ensemble de toutes les activités à effectuer entre la conception d'un produit et son usage final et au-delà. Une chaîne de valeur peut se limiter à une seule entreprise ou être segmentée entre plusieurs entreprises, se rapporter à la production de biens ou de services et se situer à un seul endroit ou en plusieurs endroits (d'où l'adjectif « mondial »).
- **Classe moyenne mondiale** : ménages dont le revenu est compris entre 10 et 100 USD par personne et par jour, après ajustement en fonction du pouvoir d'achat dans chaque pays (données de 2005).
- **Cryptomonnaies** : monnaies électroniques fondées sur des techniques de cryptage qui régulent l'émission de devise et vérifient les transferts de fonds, indépendamment des banques centrales.
- **Déchets électriques et électroniques** : tous équipements et composants électriques et électroniques mis au rebut sans intention de les réutiliser.
- **Gaz à effet de serre** : gaz – par exemple, le dioxyde de carbone [CO_2], le méthane [CH_4], le protoxyde d'azote [N_20], les composés perfluorés [PFC] et l'hexafluorure de soufre [SF_6] – qui absorbent l'énergie solaire atteignant la surface de la Terre, qui empêchent ou ralentissent son rejet dans l'atmosphère et qui entraînent ainsi la hausse de la température sur la Terre.
- **Intelligence artificielle (IA)** : langage évolué de programmation informatique grâce auquel les ordinateurs peuvent raisonner comme l'homme.
- **IP5** : groupe des cinq offices de propriété intellectuelle les plus importants au monde, à savoir l'Office européen des brevets (OEB), l'Office des brevets du Japon (JPO), l'Office coréen de la propriété intellectuelle (KIPO), l'Office national de la propriété intellectuelle de la République populaire de Chine (SIPO) et l'Office des brevets et des marques des États-Unis (USPTO).
- **Mondialisation** : élargissement, approfondissement et accélération des échanges par-delà les frontières nationales. Ce terme désigne généralement une internationalisation croissante des marchés des biens et services, des moyens de production, des systèmes financiers, de la concurrence, des entreprises, des technologies et des industries.
- **Nombre de migrants internationaux** : nombre d'individus nés dans un pays autre que celui où ils vivent. Les réfugiés sont inclus dans cette catégorie.
- **Objectifs de développement durable** : série de 17 objectifs mondiaux définis par l'Organisation des Nations Unies dans le Programme de développement durable à l'horizon 2030. Ces objectifs s'inspirent des objectifs du Millénaire pour le développement et se rapportent à des questions sociales, économiques et écologiques, notamment la pauvreté, la santé, l'éducation, l'énergie et l'environnement.
- **Parité de pouvoir d'achat (PPA)** : méthode de comparaison de valeurs différente de celle basée sur les taux de change. Les taux de change ne reflètent pas nécessairement les différences de prix relatifs entre les pays. Les PPA permettent de comparer des valeurs entre les pays en fonction du niveau réel des prix.
- **Pays à faible revenu** : pays dont le revenu national brut (RNB) par habitant est inférieur ou égal à 995 USD en 2017 selon la définition de la Banque mondiale. Aucun des pays membres de l'OCDE ne relève de cette catégorie.
- **Pays à revenu intermédiaire** : pays dont le revenu national brut (RNB) par habitant est supérieur à 996 USD, mais inférieur à 12 055 USD en 2017 selon la définition de la Banque mondiale. La valeur seuil de 3 896 USD de RNB par habitant répartit les pays à revenu intermédiaire entre la tranche inférieure et la tranche supérieure. Parmi les pays membres de l'OCDE, le Mexique et la Turquie sont classés dans la catégorie des pays à revenu intermédiaire de la tranche supérieure.
- **Produit intérieur brut (PIB)** : indicateur standard de la valeur des biens et des services produits par un pays. L'adjectif « brut » signifie qu'aucune déduction n'a été effectuée relativement à l'amortissement des machines, des bâtiments et des autres actifs utilisés dans la production. L'adjectif « intérieur » signifie que la production est mise en œuvre par les habitants du pays.

Comme de nombreux produits réalisés dans un pays donné sont utilisés pour la fabrication d'autres produits, le PIB est calculé en additionnant la valeur ajoutée de chaque produit.

- **Recherche et développement (R-D)** : travaux de recherche et de création entrepris par le secteur privé ou public en vue de développer de nouveaux biens, techniques et services et d'accroître la somme des connaissances et utilisation de ces connaissances pour concevoir de nouvelles applications.
- **Revenu national brut (RNB)** : produit national et étranger imputable aux habitants d'un pays, autrefois appelé « produit national brut ». Il correspond au produit intérieur brut (PIB), augmenté des revenus factoriels perçus par les résidents étrangers et diminué des revenus perçus dans l'économie nationale par les non-résidents.
- **Transferts de fonds personnels** : transferts effectués par des migrants nationaux ou internationaux pour venir en aide à leurs proches dans leur région ou pays d'origine. Il peut s'agir de sommes d'argent ou de biens transitant par des canaux formels et informels.

Chapitre 2. La chose publique

L'État-nation doit garantir le bien-être de ses citoyens. L'éducation a un rôle important à jouer pour améliorer la participation civique et sociale et renforcer la citoyenneté démocratique. Ce chapitre analyse cette thématique sous cinq angles :

***Vices privés, avantages publics ?** : analyse de l'écart croissant de revenus et des niveaux croissants d'évasion fiscale.*

***Le pouvoir aux citoyens** : examen du phénomène croissant de l'abstention aux élections et de l'importance croissante des journaux et médias en ligne.*

***L'État-nation dans un monde complexe** : analyse du rôle de la nation à l'heure de la mondialisation, illustrée par des exemples concernant des référendums de sécession et l'interdépendance croissante des villes.*

***Liberté, Égalité, Fraternité** : description du rôle important que les gouvernements peuvent jouer dans la promotion de l'égalité par la loi, illustrée par des exemples concernant les minorités de migrants et les quotas de parité hommes-femmes.*

***La ruralité au XXIe siècle** : analyse de deux défis à relever en milieu rural, l'évolution du paysage économique et l'évolution des populations.*

Des liens sont ensuite établis entre ces tendances relatives à la démocratie et l'éducation, de l'éducation de la petite enfance à l'apprentissage tout au long de la vie. En conclusion, ce chapitre montre qu'utiliser différents scénarios de ce que l'avenir nous réserve peut nous aider à mieux nous préparer à l'inconnu.

Les données statistiques concernant Israël sont fournies par et sous la responsabilité des autorités israéliennes compétentes. L'utilisation de ces données par l'OCDE est sans préjudice du statut des hauteurs du Golan, de Jérusalem-Est et des colonies de peuplement israéliennes en Cisjordanie aux termes du droit international.

LA CHOSE PUBLIQUE : VUE D'ENSEMBLE

Quel est le rôle de l'État-nation à l'heure de la mondialisation ? Les « bonnes » démocraties s'appuient sur les connaissances, les compétences et l'engagement de leurs citoyens. Or, dans de nombreux pays, des indicateurs classiques de la participation citoyenne, dont le taux de participation aux élections, diminuent depuis les années 1950. Les médias sociaux et les plateformes en ligne offrent de nouveaux canaux d'engagement citoyen et donnent plus de poids aux initiatives citoyennes, mais ils facilitent aussi la diffusion de fausses informations. Dans le même temps, il y a de nouveaux défis à relever concernant les possibilités dans la vie et l'accès aux services, car les inégalités se creusent au sein des pays. Ces éléments conjugués suscitent une inquiétude de plus en plus grande au sujet de l'érosion de la confiance, de la montée des troubles sociaux et de l'exacerbation des tensions politiques. L'éducation a un rôle important à jouer s'agissant d'améliorer la participation civique et sociale et de renforcer la citoyenneté démocratique.

MONDIALISATION | **DÉMOCRATIE** | SÉCURITÉ | VIEILLISSEMENT | CULTURES MODERNES

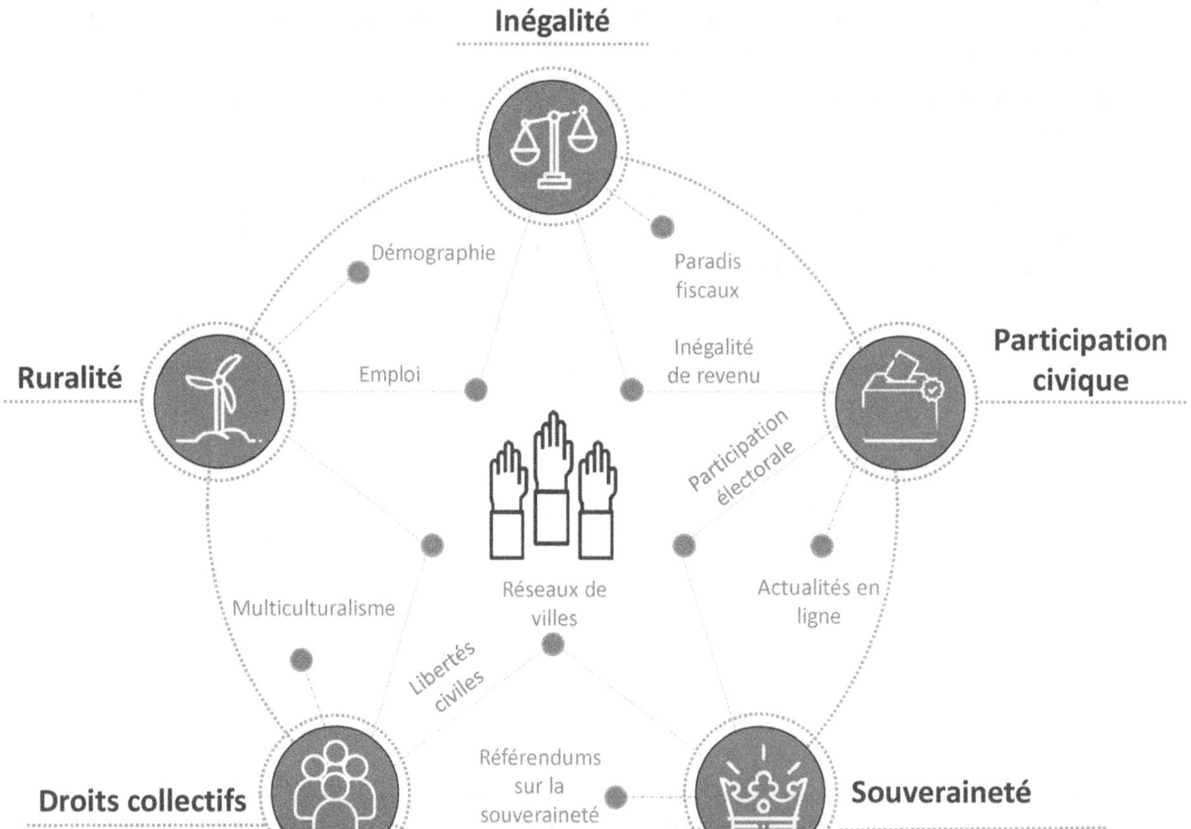

Inégalité

Démographie

Paradis fiscaux

Ruralité

Emploi

Inégalité de revenu

Participation civique

Participation électorale

Réseaux de villes

Actualités en ligne

Multiculturalisme

Libertés civiles

Droits collectifs

Référendums sur la souveraineté

Souveraineté

Faits marquants

Participation électorale en baisse

Taux moyen de participation aux élections législatives nationales

Années 1990 Années 2010

Fiscalité injuste ?

8.6 trillions

de dollars dans les paradis fiscaux en 2015, soit près de 12 % du PIB mondial

L'égalité dans la loi

Le nombre de pays dans le monde dotés de lois définissant des quotas de genre dans les assemblées législatives nationales est passé de 1 en 1990 à 54 en 2014

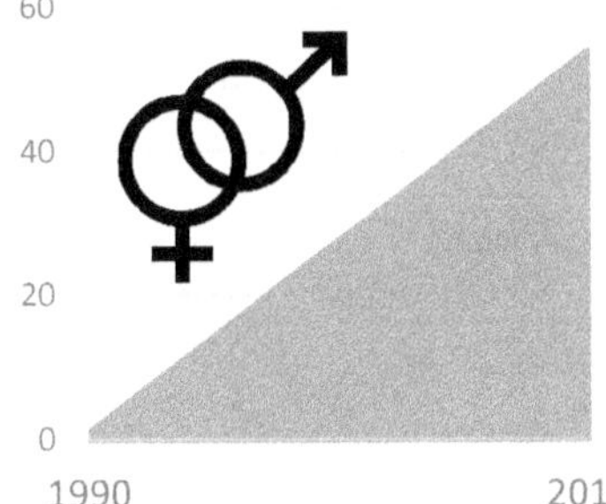

Montée de l'inégalité

Croissance annuelle des revenus : le fossé se creuse entre les 10 % les plus pauvres et les 10 % les plus riches

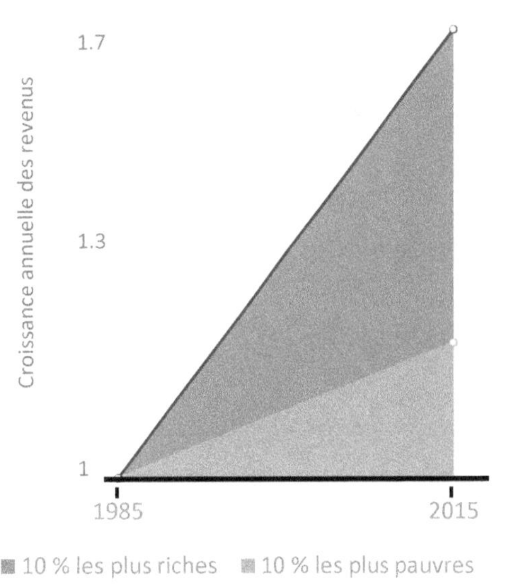

Les villes s'unissent

Les villes coopèrent de plus en plus dans le domaine social, économique et environnemental

Nombre de réseaux de villes dans le monde

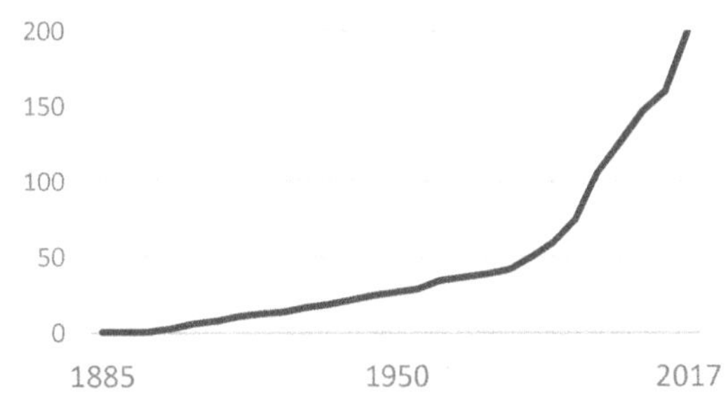

VICES PRIVÉS, AVANTAGES PUBLICS ?

La mondialisation a contribué à doper la croissance économique, qui a atteint des niveaux sans précédent. Elle ne profite pas encore à tous, et les 10 % les plus riches concentrent de plus en plus la richesse et les revenus. L'inégalité économique est préoccupante, car elle peut se traduire par une inégalité des chances, ce qui entraîne de fortes disparités de bien-être et peut conduire à des troubles sociaux et à des tensions politiques. De surcroît, si de plus en plus de gens se déplacent dans le monde et vivent de plus en plus détachés de leur mère patrie, les principaux cadres réglementaires et les filets de sécurité sociale restent pourtant du ressort de l'État-nation. Dans ce contexte, des phénomènes tels que l'évasion et la fraude fiscales soulèvent la question de savoir si les possibilités transnationales n'entament pas la solidarité nationale. Les systèmes d'éducation de premier ordre combinent qualité et équité : ils permettent à tous les élèves d'acquérir des compétences de base et font en sorte que les élèves aient la possibilité d'exploiter tout leur potentiel.

Graphique 2.1. L'écart de revenus continue de se creuser

Évolution moyenne des revenus réels par décile dans les pays de l'OCDE, entre 1985 et 2015

Graphique 2.2. Type title here

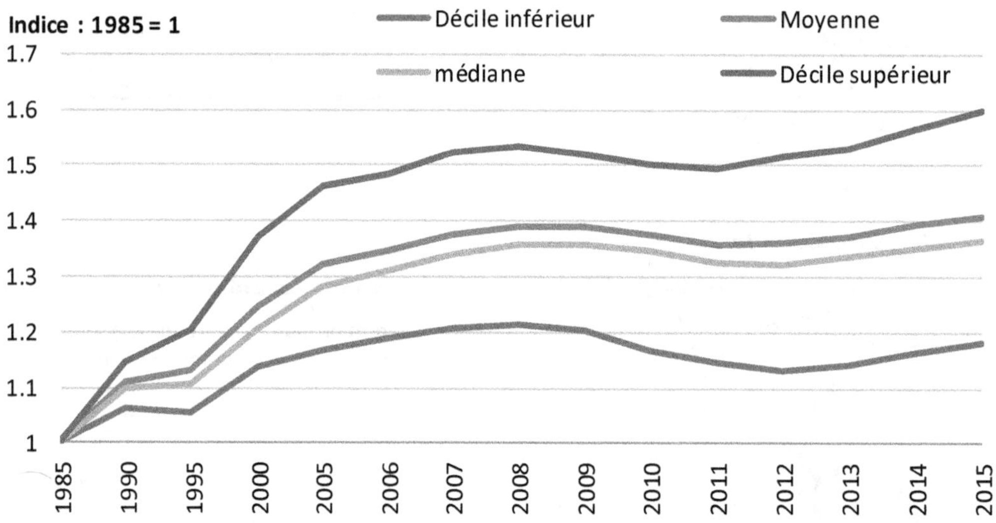

Indice : 1985 = 1
Décile inférieur
Moyenne
médiane
Décile supérieur
1.7
1.6
1.5
1.4
1.3
1.2
1.1
1
1985
1990
1995
2000
2005
2006
2007
2008
2009
2010
2011
2012
2013
2014
2015

Remarque : par revenus, on entend les revenus réels à la disposition des ménages. Certaines valeurs ont été estimées ou extrapolées à partir des valeurs de l'année la plus proche. La moyenne de l'OCDE est calculée sur la base de 17 pays (voir StatLink pour des informations complètes).

Source : OCDE (2018), *A Broken Social Elevator? How to Promote Social Mobility*, https://doi.org/10.1787/9789264301085-en.

StatLink https://doi.org/10.1787/888933888431

Les revenus ont augmenté dans le monde entre 1985 et 2015. Les plus pauvres ont vu leurs revenus progresser fortement, et bon nombre d'entre eux sont sortis de la pauvreté durant cette période, en particulier en Chine. Toutefois, les augmentations de revenus ont été nettement plus marquées parmi les plus riches. Dans les pays de l'OCDE, le niveau de revenus a progressé dans tous les ménages, mais aujourd'hui, les 10 % les plus riches de la population gagnent neuf fois et demie ce que gagnent les 10 % les plus pauvres. De plus, l'inégalité est plus forte encore si l'analyse porte sur la richesse (épargne, investissement, immobilier, etc.) et pas uniquement sur les revenus. En 2016, les 10 % les plus riches possédaient la moitié de la richesse totale dans les pays de l'OCDE.

Les transferts internationaux sont désormais plus faciles à effectuer grâce à l'informatisation et à l'innovation financière. Selon les chiffres de 2015, les paradis fiscaux cachent près de 9 trillions d'USD dans le monde, soit près de 12 % du PIB mondial, un pourcentage en hausse depuis 2001, où il n'était que de 9.1 %. Toutefois, la situation varie fortement entre les pays et les régions. La richesse extraterritoriale représente un faible pourcentage du PIB en Scandinavie, environ 15 % du PIB en Europe continentale, mais 60 % du PIB en Russie, dans des pays du Golfe et dans certaines économies d'Amérique latine. Comme la majeure partie de la richesse extraterritoriale est aux mains des plus riches du monde, l'évasion fiscale enrichit un petit nombre d'individus. Parallèlement, la fiscalité à charge des ménages moins riches augmente forcément pour compenser les pertes de recettes. Cette tendance a un impact qui varie entre les pays et au sein même de ceux-ci, mais elle soulève des questions à propos de la répartition des droits et devoirs des citoyens entre les groupes sociaux et des limites de la solidarité nationale dans une économie mondialisée.

Graphique 2.3. Droits civiques, devoirs civiques ?

Évolution de la richesse financière extraterritoriale des ménages dans le monde, entre 2001 et 2015

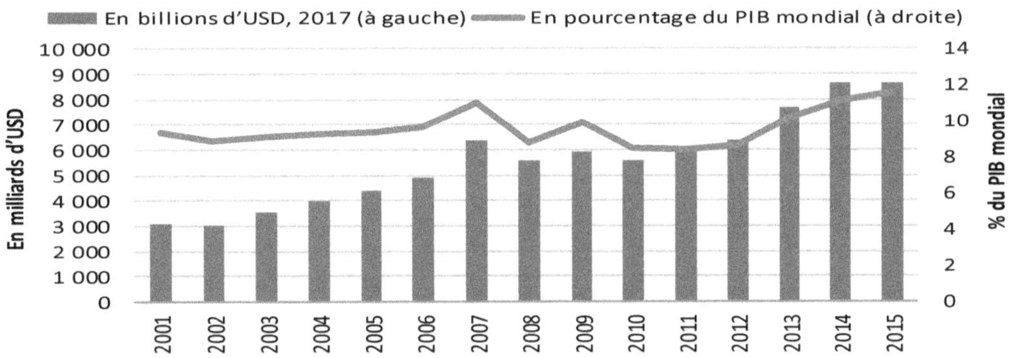

Source : Alstadsæter, A., N. Johannesen et G. Zucman (2017), *Who owns the wealth in tax havens? Macro evidence and implications for global inequality*, http://gabriel-zucman.eu/offshore/.

StatLink https://doi.org/10.1787/888933888450

Quelles conséquences pour l'éducation ?

- Des investissements stratégiques dans l'éducation peuvent contribuer à réduire les inégalités. Dans les systèmes d'éducation, comment répartir les ressources pour servir au mieux les établissements d'enseignement et les familles qui en ont le plus besoin ? Les élèves défavorisés peuvent-ils bénéficier d'un soutien financier dans l'enseignement non obligatoire ?
- Des structures d'accueil et d'éducation de la petite enfance de qualité améliorent les résultats scolaires futurs, mais tous les enfants n'y ont pas encore accès sur un pied d'égalité. Comment garantir la qualité de ces structures dans toutes les communautés, même les plus défavorisées ?
- Ces derniers temps, l'évasion fiscale organisée a fait la une de l'actualité à plusieurs reprises (les *Panama Papers*, par exemple). Ne faudrait-il pas repenser la culture financière pour qu'elle ne porte plus uniquement sur les avantages individuels, mais qu'elle aborde également le bien social ?

LE POUVOIR AUX CITOYENS

Il n'a jamais été aussi facile d'accéder à l'information, de s'exprimer et de s'adresser à ses semblables qu'aujourd'hui, à l'ère du numérique. Pourtant, des processus majeurs de prise de décision démocratique, tels que les scrutins électoraux, perdent de leur importance. De plus, même si l'informatisation a multiplié les possibilités de se faire entendre, rien ne garantit que les citoyens peuvent accéder à des informations fiables ou qu'ils sont motivés à l'idée de discuter et de transiger avec d'autres citoyens. De quelles vertus civiques les démocraties ont-elles besoin ? Comment les citoyens peuvent-ils distinguer les faits de la fiction dans une société qui vit à l'heure du numérique ? Ces questions ont des implications pour l'éducation, par exemple le rôle de l'école dans l'acquisition des compétences civiques et numériques et le rôle de la société dans la gouvernance des établissements d'enseignement.

Graphique 2.4. La participation aux élections en déclin dans les pays de l'OCDE

Évolution du taux de participation aux élections dans les pays de l'OCDE, entre les années 1990 et 2010

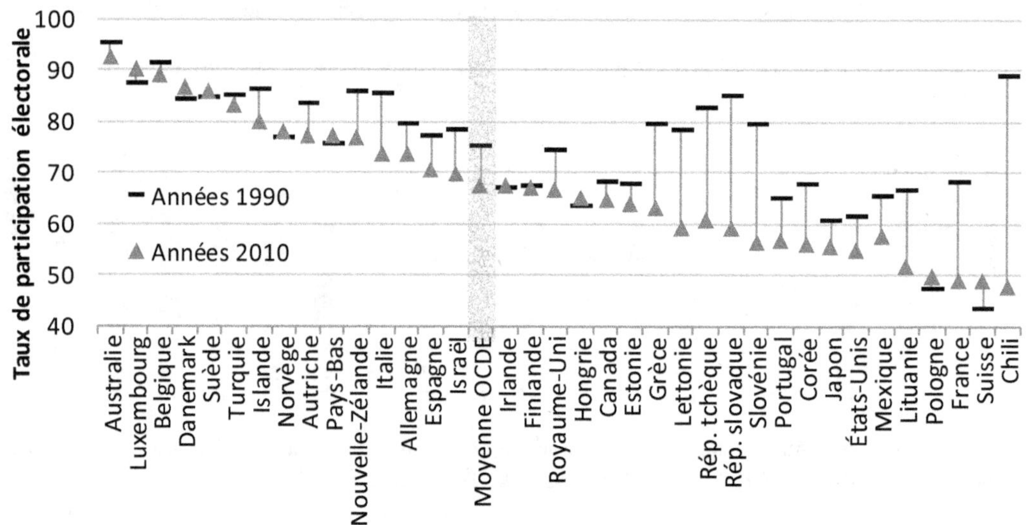

Remarque : les pays sont classés par ordre décroissant du taux moyen de participation aux élections législatives nationales tenues entre 2010 et l'année la plus récente dont les données sont disponibles. Le vote est obligatoire en Australie, en Belgique et au Luxembourg. Au Chili, le vote n'est plus obligatoire depuis 2012.

Source : International IDEA (2018), *International Voter Turnout Database*, www.idea.int.

StatLink https://doi.org/10.1787/888933888469

Le taux moyen de participation aux élections législatives diminue : il est passé de 76 % dans les années 1990 à 68 % dans les années 2010. Dans certains pays, il a sensiblement régressé, en particulier chez les jeunes. En République slovaque, en République tchèque et en Slovénie, le taux de participation est inférieur de 20 % à celui enregistré il y a 20 ans ; au Chili, où le vote n'est plus obligatoire depuis 2012, il est inférieur de 40 % environ. Les pays nordiques font vraiment figure d'exception. Le taux de participation aux élections est resté stable ou a augmenté au Danemark, en Finlande, en Norvège et en Suède. Cette tendance à la baisse est toutefois source de préoccupation. D'aucuns craignent qu'elle ne soit le signe de l'apathie ou de la désaffection qui gagneraient les citoyens, en particulier les plus jeunes, à l'égard du processus politique et des institutions. Si cette tendance se poursuit, les intérêts des jeunes pourraient être moins bien défendus que ceux de leurs aînés, plus enclins à se rendre aux urnes.

L'informatisation remet en question les hypothèses classiques concernant la participation civique et le débat public. Ces dix dernières années, le nombre d'internautes qui lisent ou téléchargent des actualités en ligne a augmenté de 40 % en moyenne dans les pays de l'OCDE : c'est une activité à laquelle se livrent 65 % des internautes selon les chiffres de 2017. L'accès gratuit ou bon marché à l'information est à n'en pas douter une bonne chose. Toutefois, les risques de désinformation sont également plus importants ; il peut être difficile de juger de la qualité (et de la véracité) de ce qui est publié. Avec les algorithmes de recherche, qui adaptent les résultats aux centres d'intérêt des internautes, et l'essor des réseaux sociaux, tels que Facebook et Twitter, les individus sont plus susceptibles de communiquer dans des chambres d'écho en ligne et de s'associer à ceux qui ont les mêmes opinions et les mêmes convictions qu'eux. L'éducation peut développer l'esprit critique des élèves et faire en sorte qu'ils acquièrent des compétences civiques (et numériques) : c'est essentiel pour qu'ils puissent se forger une opinion en toute connaissance de cause et s'engager dans leur communauté.

Graphique 2.5. Lire l'actualité en ligne et séparer le vrai du faux

Évolution du pourcentage d'internautes ayant lu ou téléchargé des actualités en ligne (au cours des trois mois précédant l'enquête), entre 2005 et 2017

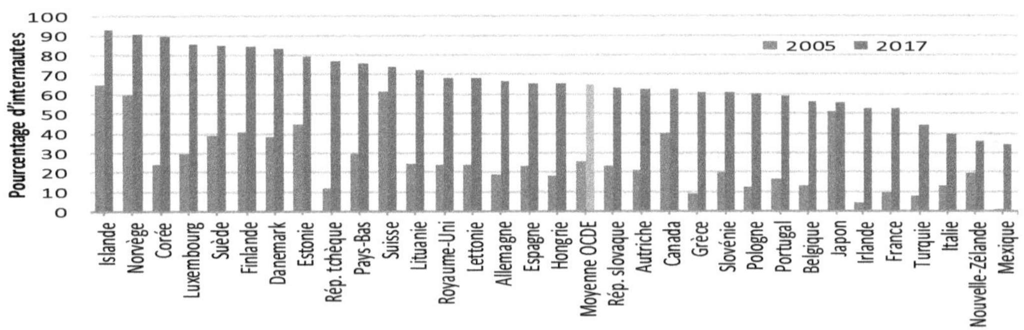

Remarque : la moyenne de l'OCDE est calculée sur la base de 33 pays. Les données qui n'étaient pas disponibles certaines années ont été remplacées par les données des années les plus proches (voir StatLink pour des informations complètes).

Source : OCDE (2018), *Accès aux TIC et utilisation des TIC chez les individus et les ménages* (base de données), https://stats.oecd.org/.

StatLink https://doi.org/10.1787/888933888488

Quelles conséquences pour l'éducation ?

- Par quels moyens les systèmes d'éducation pourraient-ils mieux aider les élèves à acquérir les connaissances, les compétences et les attitudes dont la démocratie a besoin ? Qu'en est-il des citoyens adultes ?
- De quelles connaissances sur les médias et de quelles compétences en informatique (matériel et logiciel) les citoyens ont-ils besoin pour évoluer dans les démocraties « numériques » ? La citoyenneté numérique se distingue-t-elle de la citoyenneté traditionnelle ?
- Que signifie la démocratie par rapport à la gouvernance des établissements d'enseignement ? Comment et à quel moment impliquer différentes parties prenantes dans la prise de décision sur l'éducation ?

L'ÉTAT-NATION DANS UN MONDE COMPLEXE

L'État-nation est le gardien de la souveraineté, qu'il exerce sur son territoire et protège à l'étranger. Cette tradition se perd : d'une part, parce que des institutions internationales ont fait leur apparition, que l'intégration mondiale s'approfondit et que de nouvelles formes de citoyenneté transnationale ont émergé et, d'autre part, parce que la décentralisation a conféré plus d'autonomie aux régions et aux acteurs autrefois considérés comme des filiales des gouvernements nationaux, tels que les municipalités. Ces entités ont désormais de plus en plus d'influence sur la scène locale et mondiale. La souveraineté n'est plus l'apanage de l'État-nation et semble être partagée, mais pas sans polémiques. Ces transformations ont des implications pour la gouvernance démocratique et la citoyenneté et pose aussi des questions concernant les systèmes d'éducation.

Graphique 2.6. Conflits de souveraineté : rester ou partir ?

Référendums relatifs à la souveraineté, par type, fréquence et décennie, entre 1776 et 2017

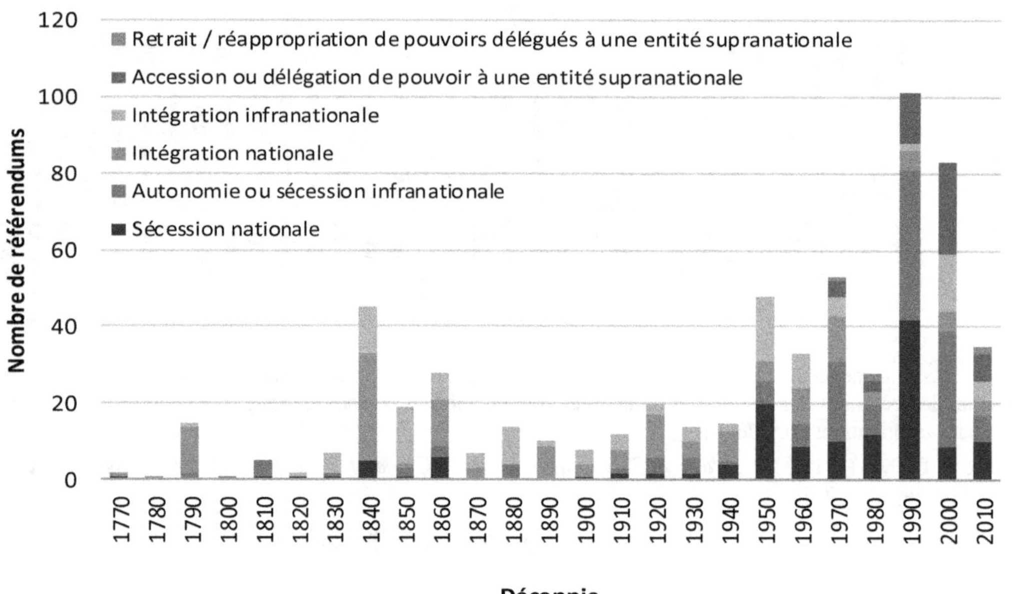

Remarque : les données de la décennie 2010 se rapportent à la période allant de 2010 à 2017. Les données de 2013 à 2017 ont été fournies par les auteurs à l'OCDE.

Source : Mendez, F., et M. Germann (2016), « Contested sovereignty: Mapping Referendums on Sovereignty over Time and Space » ; N. Aubert, M. Germann et F. Mendez (2015), « Contested sovereignty: A global compilation of sovereignty referendums 1776-2012 ».

StatLink https://doi.org/10.1787/888933888507

Les référendums sur la souveraineté nationale ont évolué au fil du temps. Dans un premier temps, à compter de 1770, les référendums concernaient la constitution de républiques fédérales modernes, comme l'Australie, les États-Unis et la Suisse. Cette logique a changé après la Seconde Guerre mondiale, avec l'apparition de référendums sur la sécession et la décolonisation (dans les années 1950 et 1960) et la dissolution du bloc communiste (dans les années 1990). Depuis les années 1970, tant la logique que la portée ont changé. En premier lieu, de nombreux référendums ont été organisés en vue de décider d'accorder ou non une plus grande autonomie à des entités infranationales, comme au Danemark, en Espagne et au Royaume-Uni. En deuxième lieu, et c'est peut-être plus frappant, les référendums sur les élargissements successifs de l'Union européenne ont marqué le premier processus d'intégration d'États autrefois pleinement souverains dans une structure transnationale plus grande, bien que l'avenir de cette tendance reste incertain.

L'intégration et la collaboration transnationales accrues se retrouvent aussi parmi des acteurs de la gouvernance autres que l'État-nation et les institutions supranationales. Dans notre monde de plus en plus urbanisé, les municipalités sont en première ligne sur des questions les plus urgentes de notre temps, par exemple le changement climatique et l'intégration sociale des migrants. Il s'ensuit que les municipalités collaborent de plus en plus pour promouvoir l'échange de connaissances et faire en sorte que les décisions prises à l'échelle nationale et internationale tiennent compte de la dimension urbaine. L'essor des réseaux de municipalités est impressionnant : un seul réseau de municipalités en 1885, mais 59 en 1985 et 200 en 2017 dans le monde entier. Citons à titre d'exemple le réseau Cités et gouvernements locaux unis (CGLU) et la Convention mondiale des maires pour le climat et l'énergie.

Graphique 2.7. Essor de la paradiplomatie municipale

Évolution du nombre cumulé de réseaux de municipalités, entre 1885 et 2017

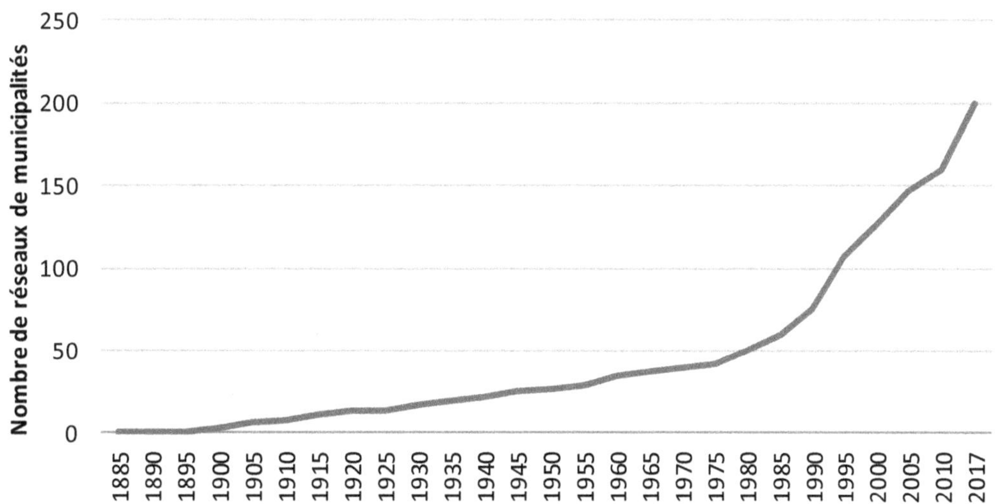

Source : Acuto, M., *et al.* (2017), « City Networks: New Frontiers for City Leaders ».

StatLink https://doi.org/10.1787/888933888526

Quelles conséquences pour l'éducation ?

- Par quels moyens des systèmes d'éducation décentralisés, aux nombreux niveaux hiérarchiques, peuvent-ils répondre aux besoins locaux tout en garantissant l'accès de tous à un enseignement de qualité ?
- Les réseaux (de parties prenantes locales, de professionnels, d'établissements d'enseignement) sont de plus en plus utilisés pour renforcer les capacités et échanger des connaissances. Quel rôle les pouvoirs publics doivent-ils jouer dans la constitution et le pilotage de tels réseaux et le contrôle de leur qualité ?
- La souveraineté semble plus partagée que détenue et exercée par le seul État-nation. Quelle importance donner à la « nation » et à l'« identité nationale » dans l'éducation civique aujourd'hui ? Pouvons-nous imaginer des Jeux olympiques où concourraient des équipes municipales et non nationales ?

LIBERTÉ, ÉGALITÉ, FRATERNITÉ

Que les êtres humains naissent et demeurent libres et égaux en droit et jouissent de droits naturels et imprescriptibles a été proclamé haut et fort à la fin du XVIIIe siècle. Depuis lors, les démocraties modernes ont progressivement accordé des droits civils à des groupes initialement exclus, dont les femmes et les minorités ethniques. Tenir la promesse de l'émancipation reste toutefois souvent délicat dans les sociétés pluralistes. Comment trouver le juste équilibre entre toutes les parties dans une société faite de diversité ? Faut-il accorder une attention spécifique à la protection des droits de certaines minorités ? Cela implique-t-il d'adopter des politiques ciblées pour faire respecter ces droits ? Les systèmes d'éducation ont un rôle à jouer, car ils peuvent lutter contre tous les stéréotypes et toutes les formes de discrimination, renforcer la tolérance et la compréhension interculturelles et promouvoir des relations axées sur l'équité entre tous les citoyens.

Graphique 2.8. Bienvenue chez vous

Évolution du nombre de politiques multiculturalistes adoptées en faveur des minorités de migrants, entre 1960 et 2011

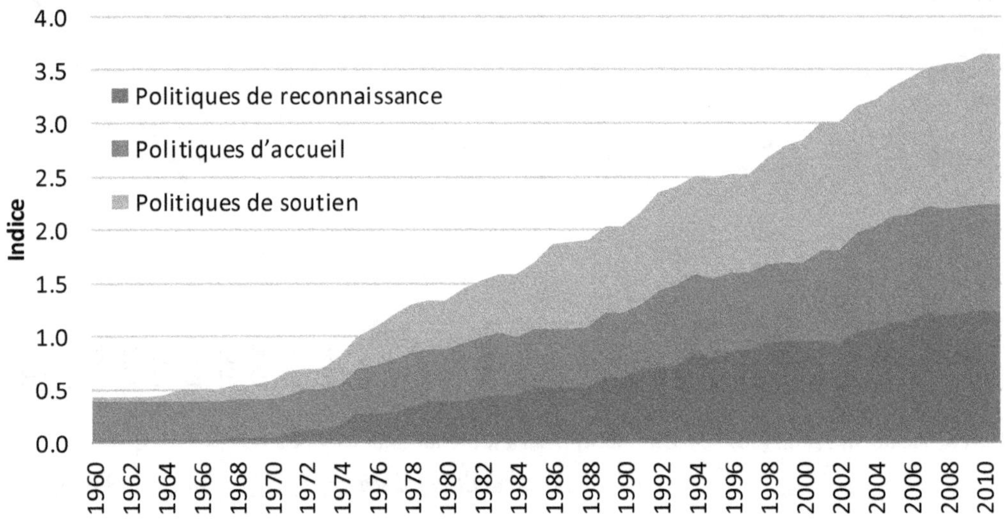

Remarque : l'indice de multiculturalisme est dérivé de la situation dans 21 pays de l'OCDE. Chaque politique incluse dans l'indice peut avoir été adoptée en tout (1) ou en partie (0.5) ou n'avoir pas été adoptée (0). Le coefficient de pondération de chaque politique est identique dans les trois catégories de politiques reprises dans le graphique (voir StatLink pour des informations complètes).

Source : Multiculturalism Policy Index (2018), « Multiculturalism Policies for Immigrant Minorities », www.queensu.ca/mcp/.

StatLink https://doi.org/10.1787/888933888545

Depuis les années 1960, de nombreuses démocraties ont abandonné les pratiques d'assimilation culturelle pour passer à un accueil multiculturel honorant la diversité ethnique, religieuse et linguistique. Les politiques visant à reconnaître, à accueillir et à soutenir les minorités de migrants ont tout d'abord été adoptées par des pays traditionnels d'immigration (l'Australie, le Canada, les États-Unis et la Nouvelle-Zélande) au milieu du XXe siècle. La Belgique, le Royaume-Uni et la Suède, puis l'Espagne, la Finlande, l'Irlande, la Norvège et le Portugal leur ont emboîté le pas et comptent parmi les pays de l'OCDE qui se sont particulièrement employés à reconnaître le multiculturalisme.

Le principe de la protection des droits des minorités ne se limitent pas aux droits des communautés d'immigrants. En fait, ce principe n'est même pas réservé aux minorités. Un nombre croissant de pays dans le monde ont adopté des lois visant à promouvoir la parité hommes-femmes dans leur parlement national depuis le début des années 1990, que ce soit par la fixation de quotas de candidates ou par la réservation de sièges aux femmes. Les mesures visant à lutter contre l'inégalité entre les sexes par la voie législative ne se limitent pas à la représentation parlementaire : l'Islande l'a d'ailleurs démontré en 2017 en adoptant une loi établissant l'égalité de rémunération entre hommes et femmes dans toutes les entreprises employant au moins 25 personnes. Tous ces efforts sont déployés pour lutter contre un phénomène bien plus insidieux : l'existence et la persistance des stéréotypes sexistes dans la société. L'éducation est un excellent moyen de promouvoir des relations équitables et respectueuses entre les hommes et les femmes (et entre les garçons et les filles).

Graphique 2.9. Objectif : 50/50

Évolution du nombre de pays ayant adopté des quotas légaux de candidates ou d'élues dans les parlements nationaux dans le monde, entre 1990 et 2014

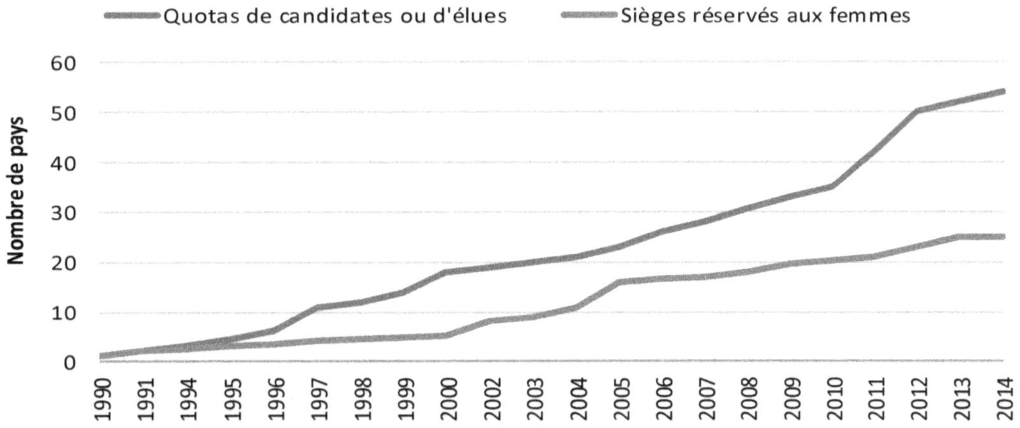

Remarque : le graphique reprend uniquement les quotas de femmes fixés à l'échelle nationale. Il n'inclut pas les quotas adoptés volontairement par les partis politiques.

Source : Banque mondiale (2017), *World Development Report 2017: Governance and the Law*, www.worldbank.org/en/publication/wdr2017.

StatLink https://doi.org/10.1787/888933888564

Quelles conséquences pour l'éducation ?

- Les enseignants sont-ils bien préparés à donner cours à des élèves venant d'horizons culturels différents et parlant des langues différentes ?
- Être juste est une question d'équité, mais aussi d'inclusion. Dans quelle mesure les enseignants sont-ils préparés à donner cours à des élèves ayant des besoins spécifiques en matière d'éducation ? Dans quelle mesure les aide-t-on ? Quelles politiques ont-elles été adoptées pour faciliter le passage de ces élèves entre l'école et le monde du travail ?
- Quel rôle l'éducation joue-t-elle, implicitement et explicitement, dans le choix du domaine d'études et de la carrière professionnelle des garçons et des filles ? Quelles sont les priorités de changement à l'avenir à cet égard ?

LA RURALITÉ AU XXIE SIÈCLE

Dans un monde de plus en plus urbanisé, les possibilités sociales, économiques et culturelles tendent à se concentrer dans les villes plus grandes et plus dynamiques. Pourtant, un individu sur quatre vit toujours dans une région essentiellement rurale dans les pays de l'OCDE. Sous l'effet du déclin de l'agriculture et des secteurs primaires traditionnels, les zones rurales s'emploient à développer et à diversifier leur activité économique, par exemple dans le tourisme. Mais les défis liés à l'exode rural et à la rareté des services demeurent, en particulier dans les régions plus reculées et moins densément peuplées. Faire en sorte que de bonnes possibilités d'apprentissage tout au long de la vie répondent aux besoins des ruraux est essentiel. L'évolution de la demande de compétences, en particulier l'esprit d'entreprise et l'innovation, implique souvent de repenser l'offre de formation en milieu rural.

Graphique 2.10. Évolution du paysage économique en milieu rural

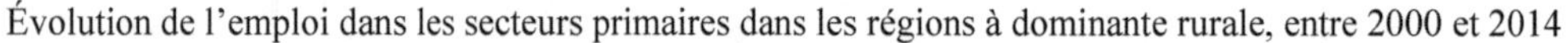
Évolution de l'emploi dans les secteurs primaires dans les régions à dominante rurale, entre 2000 et 2014

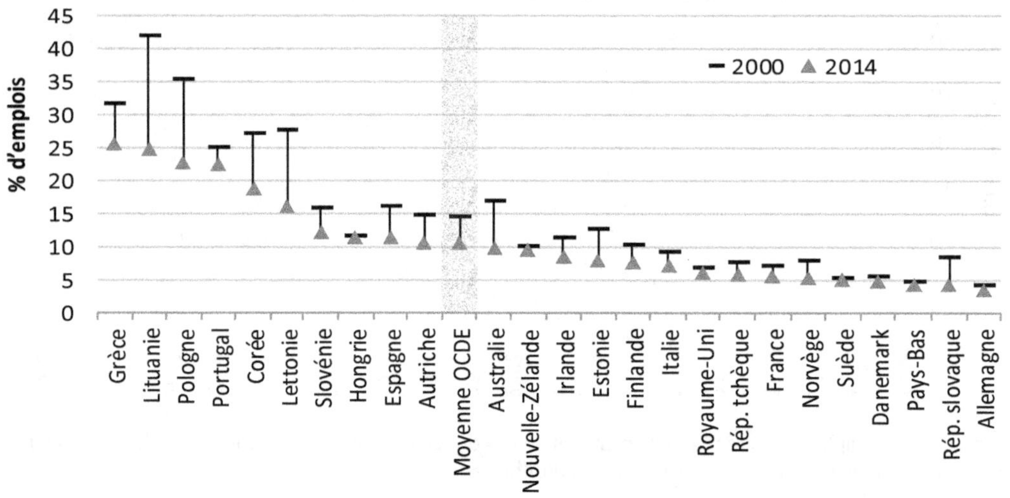

Remarque : les secteurs primaires sont l'agriculture, la foresterie et la pêche. Les données qui n'étaient pas disponibles certaines années ont été remplacées par les données des années les plus proches (voir StatLink pour des informations complètes).

Source : OCDE (2018), « Emploi régional par industrie » (indicateur), https://stats.oecd.org/.

StatLink https://doi.org/10.1787/888933888583

Les communautés rurales sont traditionnellement associées à des activités économiques telles que l'agriculture, la foresterie et la pêche. L'importance de ces secteurs varie toutefois fortement entre les pays : selon les chiffres de 2014, la part de l'emploi dans ces secteurs est inférieure à 4 % en Allemagne et en Belgique, mais supérieure à 25 % en Grèce. En dépit de cette variation, ces secteurs sont dans l'ensemble sur le déclin : entre 2000 et 2014, la part de l'emploi dans les secteurs primaires a diminué de 4 % en moyenne dans les pays de l'OCDE. Les diminutions les plus fortes ont été enregistrées en Lituanie (part en baisse de 17 %) et en Lettonie et en Pologne (part en baisse de plus de 10 %). Ces tendances montrent que les économies rurales se sont diversifiées et ont de plus en plus investi dans d'autres secteurs, tels que le tourisme et les énergies renouvelables. Les systèmes d'éducation et de formation peuvent contribuer à faciliter l'apprentissage tout au long de la vie et à adapter les groupes de compétences à mesure que les économies et industries locales évoluent.

La ruralité au XXIe siècle est contrastée. Les régions rurales proches des villes ou dotées de bons accès au transport peuvent faciliter la mobilité des habitants, des biens et des services et peuvent créer de dynamiques « économies de proximité ». Entre 2000 et 2014, les régions rurales proches d'une ville ont accueilli de nouveaux habitants au Chili, aux États-Unis et en Irlande. Les régions plus éloignées des zones urbaines se caractérisent en revanche par une connectivité limitée et par une faible densité de population ainsi que par des économies très spécialisées qui tendent à être plus vulnérables aux chocs. Ces régions doivent batailler davantage pour retenir leurs habitants. Ces régions rurales reculées ont vu des habitants partir entre 2000 et 2014 au Canada, en Finlande et en Norvège. Il est important que l'enseignement soit de qualité en milieu rural pour promouvoir l'épanouissement personnel et la cohésion sociale ainsi que le développement durable et intelligent.

Graphique 2.11. Quand la distance fait la différence

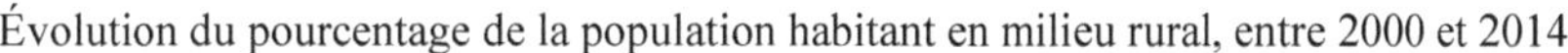
Évolution du pourcentage de la population habitant en milieu rural, entre 2000 et 2014

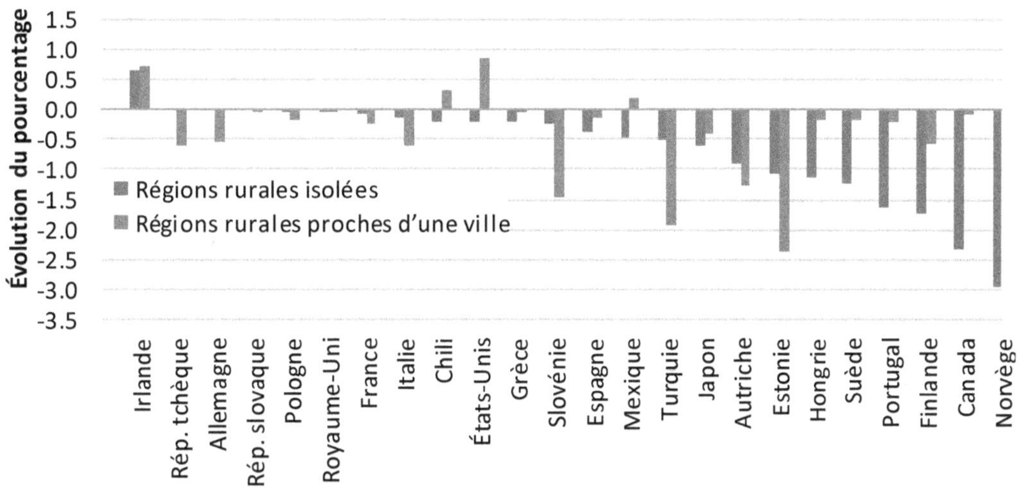

Source : OCDE (2016), *OECD Regions at a Glance 2016*, http://dx.doi.org/10.1787/reg_glance-2016-en.

StatLink https://doi.org/10.1787/888933888602

Quelles conséquences pour l'éducation ?

- Par quels moyens attirer et retenir en milieu rural des enseignants bien formés ? Enseigner en milieu rural dans de petites classes d'élèves d'années d'études différentes fait-il partie de la formation initiale et continue des enseignants ?
- La technologie peut-elle aider de petits établissements d'enseignement ruraux à offrir davantage de possibilités scolaires et extrascolaires d'apprendre à leurs élèves (par exemple, des ressources d'apprentissage à distance, des stratégies pédagogiques mixtes, etc.) ?
- Dans les économies rurales en pleine évolution, les compétences sont cruciales pour l'innovation. Comment rehausser le niveau de formation en milieu rural ? Quel est le rôle des établissements d'enseignement, des familles, des administrations, des employeurs et de la communauté dans son ensemble dans l''amélioration du niveau de formation et l'acquisition de compétences ?

LA CHOSE PUBLIQUE ET L'ÉDUCATION : EN AVANT, TOUTE !

Par quels moyens les tendances démocratiques interagissent avec l'éducation ? En quoi l'éducation peut-elle affecter ces tendances ? Quelques réponses sont évidentes et portent sur le court terme, par exemple les effets d'un grand nombre de réfugiés dans les classes et, inversement, la possibilité pour les enseignants de tirer parti de la force de cette diversité. D'autres réponses portent sur un plus long terme, par exemple le fait d'encourager la participation civique dès la petite enfance pour renforcer l'engagement dans les processus démocratiques à l'âge adulte.

Lier éducation et démocratie

Équité

- Proposer des structures d'accueil et d'éducation de la petite enfance de qualité à tous, en particulier aux ménages à bas revenus
- Améliorer les passerelles entre les différentes filières d'enseignement (la filière générale et la filière professionnelle et technique)
- Proposer des mécanismes de financement et des incitations pour amener les étudiants défavorisés à réussir leurs études tertiaires

Citoyenneté démocratique

- Amener les élèves à mieux comprendre les droits et valeurs démocratiques et à acquérir les compétences sociales et organisationnelles requises par l'engagement civique
- Promouvoir la gouvernance participative des établissements d'enseignement et des classes
- Enseigner les compétences requises en matière d'analyse et de raisonnement critique pour permettre aux élèves de chercher, d'évaluer et d'utiliser des sources d'informations en ligne et hors ligne
- Améliorer la tolérance et le respect grâce aux échanges

Inclusion

- Exploiter le potentiel de tous les élèves, indépendamment de leur sexe, de leur appartenance ethnique ou de tout autre attribut, et lutter contre les stéréotypes qui limitent le choix du domaine d'études et de la carrière professionnelle
- Lutter contre la ségrégation grâce à l'application de critères équitables d'admission, au contrôle du choix des programmes d'études et à la redistribution des ressources d'éducation
- Combler l'écart entre le milieu urbain et le milieu rural et repenser les infrastructures scolaires pour en faire des moteurs dans les villages et les petites collectivités

Gouvernance moderne

- Impliquer diverses parties prenantes dans les processus de prise de décision et de mise en œuvre, dont les enseignants, les élèves et leurs parents, les chercheurs et le personnel
- Concevoir des mécanismes d'évaluation et de responsabilisation qui combinent divers types de données
- Aider les réseaux (de parties prenantes locales, de professionnels, d'établissements d'enseignement) à promouvoir l'échange de connaissances et à pallier les manques de capacités du système

Réflexion : se préparer à l'incertitude

Les projets ont beau être les mieux ficelés, l'avenir est imprévisible en soi. Cette section explore quelques exemples d'incertitude qui entoure les tendances abordées dans ce chapitre.

Gouvernement plateforme ?

- Certains gouvernements conçoivent des systèmes informatiques très sophistiqués de services publics et de régulation des marchés. Dans certains cas, ces systèmes impliquent de recueillir énormément de données personnelles sur les citoyens et d'utiliser des dispositifs d'évaluation sociale qui autorisent une discrimination en fonction des antécédents. Qu'adviendra-t-il si davantage de gouvernements développent leur présence en ligne de la sorte ?
- *Ces technologies peuvent-elles contribuer à garantir l'accès universel à l'éducation et, dans le même temps, à personnaliser davantage l'enseignement ?*

La vérité sur les sites d'information en ligne ?

- La désinformation existe depuis la nuit des temps ; même des gouvernements ont pu faire de la propagande sur la base de fausses informations. Ce qui est nouveau, c'est l'augmentation massive des moyens de diffusion des informations et des opinions, fiables ou pas. Quelles règles, conventions ou technologies adopter pour lever les doutes au sujet de la véracité des contenus en ligne ? Y en a-t-il qui pourraient, au contraire, aggraver la situation ?
- *L'école doit-elle apprendre aux élèves comment cibler des publics spécifiques et sélectionner le type de message et les plateformes en ligne plus susceptibles de les aider à atteindre ces publics ?*

DISCONTINUITÉS

État fort, éducation nationaliste ?

- Le nationalisme et la puissance croissante d'économies d'État devenus plus performantes grâce au numérique pourraient amener un intérêt et une implication beaucoup importantes de la part des gouvernements pour l'éducation et à s'y impliquer beaucoup plus. Cela pourrait, en retour, réduire le rôle du secteur privé qui était devenu plus important dans de nombreux pays.
- *Quels sont les pays sur la voie de cette transformation radicale ? Leurs politiques pourraient-elles affecter d'autres pays ?*

COMPLEXITÉ

Le pouvoir aux citoyens ? Ou à ceux qui sont au bon endroit ?

- Avec l'urbanisation croissante, la vie en ville et la vie à la campagne se différencient de plus en plus. Les pays se demandent si leur système politique réussit bien à représenter les majorités urbaines et à protéger les minorités rurales. Cette question a des implications pour la solidarité et la confiance des citoyens.
- *Cet enjeu se retrouve-t-il aussi dans l'éducation ? Comment garantir que la conception de l'enseignement et les contenus enseignés sont tels que plusieurs acteurs et points de vue peuvent s'exprimer ?*

POUR EN SAVOIR PLUS

Sources d'information pertinentes

- Acuto, M. *et al.* (2017), « City Networks: New Frontiers for City Leaders », rapport de synthèse établi en vue de la neuvième session du Forum urbain mondial, « Connected Cities Lab », Université de Melbourne (Australie).
- Alstadsæter, A., N. Johannesen et G. Zucman (2017), « Who owns the wealth in tax havens? Macro evidence and implications for global inequality », *NBER Working Papers*, n° 23805, National Bureau of Economic Research, www.nber.org/papers/w23805 (document consulté le 3 mai 2018).
- Alvaredo, F. *et al.* (Coordinateurs) (2017), *World Inequality Report 2018*, World Inequality Lab, http://wir2018.wid.world/.
- Aubert, N., M. Germann et F. Mendez (2015), « Contested sovereignty: A global compilation of sovereignty referendums 1776-2012, Codebook v.1.0. », Université de Zurich (manuscrit non publié).
- Banque mondiale (2017), *World Development Report 2017: Governance and the Law*, Banque internationale pour la reconstruction et le développement, Groupe de la Banque mondiale, Washington DC, www.worldbank.org/en/publication/wdr2017.
- International IDEA (2018), *International Voter Turnout Database*, Institut international pour la démocratie et l'assistance électorale, www.idea.int (base de données consultée le 16 novembre 2018).
- Mandeville, B. (1705), *The Fable of the Bees: Or Private Vices, Public Benefits*, vol. 1, Clarendon Press, Oxford.
- Mendez, F. et M. Germann (2016), « Contested sovereignty: Mapping Referendums on Sovereignty over Time and Space », *British Journal of Political Science*, vol. 48, pp. 141-165.
- Multiculturalism Policy Index (2018), « Multiculturalism Policies for Immigrant Minorities », www.queensu.ca/mcp/ (document consulté le 31 juillet 2018).
- OCDE (2016), *L'articulation entre productivité et inclusivité*, Édition OCDE, Paris, https://doi.org/10.1787/9789264293021-fr.
- OCDE (2016), *OECD Regions at a Glance 2016*, Éditions OCDE, Paris, http://dx.doi.org/10.1787/reg_glance-2016-en.
- OCDE (2018), « Emploi régional par industrie » (indicateur), *OECD Regional Statistics* (base de données), https://stats.oecd.org/ (indicateur consulté le 25 avril 2018).
- OCDE (2018), *A Broken Social Elevator? How to Promote Social Mobility*, Éditions OCDE, Paris, https://doi.org/10.1787/9789264301085-en.
- OCDE (2018), *Accès aux TIC et utilisation des TIC chez les individus et les ménages* (base de données), https://stats.oecd.org/, (base de données consultée le 25 avril 2018).

Glossaire

- **Action positive** : politiques visant à en finir avec des normes ou des systèmes culturels, institutionnalisés ou non, de désavantage collectif, par exemple la discrimination positive à l'admission à l'université ou à l'embauche.

- **Algorithme de recherche** : en informatique, procédure prédéfinie permettant de localiser des données spécifiques parmi des données, par exemple un algorithme linéaire qui compare chaque fichier aux critères de recherche de façon linéaire.
- **Algorithme** : série de commandes conçue pour effectuer une tâche spécifique. Il peut s'agit d'une opération simple, par exemple multiplier deux nombres, ou d'un processus complexe, par exemple exécuter un fichier vidéo compressé. Les moteurs de recherche utilisent des algorithmes propriétaires pour afficher les résultats de leur répertoire à des recherches spécifiques dans un ordre spécifique, compte tenu de critères tels que la pertinence.
- **Cités et gouvernements locaux unis (CGLU)** : organisation d'exécutifs infranationaux comptant plus de 240 000 membres dans plus de 140 États membres des Nations Unies. Ses principaux objectifs sont *1)* d'améliorer le rôle et l'influence des exécutifs locaux et des organisations les représentant dans la gouvernance mondiale ; *2)* de faire du réseau CGLU la principale source d'appui pour promouvoir des exécutifs locaux démocratiques, efficaces, novateurs et proches de leurs citoyens ; *3)* de faire du réseau CGLU une organisation mondiale efficace et démocratique.
- **Convention mondiale des maires pour le climat et l'énergie** : pacte international de municipalités et d'exécutifs locaux ayant une vision commune à long terme et s'employant à promouvoir et à soutenir des mesures destinées à lutter contre le changement climatique et à créer une société résiliente peu polluante. Il soutient des solutions pertinentes à l'échelle locale qui s'inscrivent dans des plans d'action stratégiques qui sont enregistrés, mis en œuvre, suivis et rendus publics.
- **Démocratie** : système politique dans lequel les citoyens ont la possibilité de participer à la prise de décisions et aux débats politiques. Les responsables politiques sont généralement élus par les citoyens dans le cadre d'élections libres et équitables et agissent par conséquent en tant que représentants du peuple.
- **Économies de proximité** : clusters d'entreprises à faible proximité géographique formés grâce à des ressources plus facilement accessibles et à la simplification de l'accès à des biens et services spécialisés.
- **Évasion fiscale** : acte illicite visant à réduire l'impôt, par exemple le fait délibéré de ne pas remplir sa déclaration d'impôt, de ne pas déclarer des revenus ou de ne pas payer l'impôt dû.
- **Indice de politiques multiculturalistes en faveur des minorités d'immigrants** : mesure dans laquelle 21 démocraties occidentales ont adopté des politiques de reconnaissance, d'accueil et de soutien des minorités d'immigrants. Huit politiques multiculturalistes sont retenues : *1)* affirmation constitutionnelle, législative ou parlementaire du multiculturalisme ; *2)* adoption du multiculturalisme dans les programmes scolaires ; *3)* inclusion de la diversité ethnique dans le mandat des médias publics ou la licence des médias ; *4)* exemptions aux codes vestimentaires, à la législation sur la fermeture dominicale, etc. ; *5)* autorisation de la double nationalité ; *6)* financement d'organisations de groupes ethniques à l'appui d'activités culturelles ; *7)* financement de l'enseignement bilingue ou de l'apprentissage de la langue maternelle ; et *8)* mesures d'action positive en faveur des groupes d'immigrants défavorisés.
- **Numérisation** : emploi des technologies numériques, exploitation des données numériques et interconnexion, à l'origine de nouvelles activités ou de changements dans des activités existantes.
- **Optimisation fiscale** : réduction de l'impôt au minimum légal grâce à l'exploitation de dispositions ou de niches fiscales, par exemple la déduction de dons à des œuvres de bienfaisance.
- **Paradiplomatie** : relations établies par des représentants légitimes des autorités locales ou régionales avec des acteurs locaux, régionaux, nationaux ou internationaux.
- **Participation électorale** : taux obtenu par division du nombre de total de votes (valides ou non) par le nombre d'électeurs inscrits.
- **Référendum de souveraineté** : référendum sur un changement de souveraineté entre deux centres territoriaux au moins.
- **Référendum** : consultation des citoyens au sujet d'une question politique qui est organisée par l'État ou une entité infranationale, dont les résultats sont contraignants ou non.

- **Régions à dominante rurale** : régions réunissant deux conditions : *1)* le pourcentage de la population vivant dans des localités rurales (localités où la densité de population est inférieure à 150 habitants par kilomètre carré ou, en Corée et au Japon, à 500 habitants) est supérieur à 50 % ; *2)* il n'y a pas de centre urbain de plus de 200 000 habitants (500 000 habitants en Corée et au Japon), représentant plus de 25 % de la population régionale. Les régions rurales se distinguent aussi selon qu'elles sont proches ou non d'une ville, en fonction de la durée du trajet à effectuer en voiture pour rejoindre le centre urbain le plus proche.
- **Régions rurales isolées** : régions rurales dont 50 % au moins des habitants ont plus de 60 minutes de trajet à effectuer en voiture pour se rendre dans la ville de plus de 50 000 habitants la plus proche.
- **Régions rurales proches d'une ville** : régions rurales dont 50 % au moins des habitants ont moins de 60 minutes de trajet à effectuer en voiture pour se rendre dans la ville de plus de 50 000 habitants la plus proche.
- **Réseaux de municipalités** : organisations institutionnalisées dont les membres sont essentiellement des exécutifs locaux. Ces réseaux regroupent essentiellement des municipalités, mais peuvent également s'ouvrir à des institutions qui ne représentent pas des exécutifs locaux ou qui n'ont pas été fondées par des exécutifs locaux.
- **Richesse extraterritoriale** : somme des actifs que les propriétaires détiennent dans un pays où ils n'ont pas établi leur domicile légal ou fiscal.
- **Richesse nationale nette** : somme de tous les actifs, dont les actifs immobiliers, commerciaux et financiers, publics et privés d'une économie nationale, déduction faite de la dette.
- **Souveraineté** : pouvoir suprême exercé de plein droit par un organe dans sa juridiction, sans aucune interférence extérieure.

Chapitre 3. La sécurité dans un monde exposé

Dans un monde connecté où les frontières s'estompent, les pays de l'OCDE ont des défis encore plus difficiles à relever en matière de sécurité. L'éducation a un rôle important à jouer : contribuer à la sensibilisation pour prévenir les risques d'atteinte à la sécurité et améliorer la résilience en temps de crise. Ce chapitre analyse cette thématique sous cinq angles :

***Sécurité personnelle et sanitaire** : analyse de deux tendances, l'une positive, l'amélioration de la sécurité routière, l'autre négative, la diminution de l'efficacité des antibiotiques.*

***Cybersécurité** : analyse de l'augmentation rapide des incidents de cybersécurité et de l'importance croissante des spécialistes de la sécurité et de la protection de la vie privée à l'ère du numérique.*

***Sécurité nationale** : analyse de la diminution des essais nucléaires et des guerres conventionnelles entre les pays ainsi que des conflits intérieurs en cours.*

***Sécurité environnementale** : description de l'importance de la protection de l'environnement et analyse de la multiplication des catastrophes naturelles et des conséquences de la pollution de l'air.*

***Sécurité économique** : analyse de l'insécurité sur le marché du travail et de la tendance à la hausse de la dette des ménages et du manque à gagner sous l'effet du chômage.*

Des liens sont ensuite établis entre les tendances analysées dans ce chapitre au sujet de la sécurité et l'éducation, de l'éducation de la petite enfance à l'apprentissage tout au long de la vie. En conclusion, ce chapitre montre qu'utiliser différents scénarios de ce que l'avenir nous réserve peut nous aider à mieux nous préparer à l'inconnu.

Les données statistiques concernant Israël sont fournies par et sous la responsabilité des autorités israéliennes compétentes. L'utilisation de ces données par l'OCDE est sans préjudice du statut des hauteurs du Golan, de Jérusalem-Est et des colonies de peuplement israéliennes en Cisjordanie aux termes du droit international.

LA SÉCURITÉ DANS UN MONDE EXPOSÉ : VUE D'ENSEMBLE

Dans l'ensemble, les pays de l'OCDE vivent dans une plus grande sécurité aujourd'hui que par le passé : les conflits armés sont moins nombreux, la richesse augmente, les routes sont plus sûres et les soins de santé et les médicaments sont plus efficaces. Dans un monde connecté où les frontières s'estompent, nous avons des défis encore plus difficiles à relever en matière de sécurité. Le changement climatique ; les maladies et les pandémies à progression rapide ; les réseaux terroristes et les menaces cybernétiques sont autant de risques majeurs auxquels la société est exposée. Les menaces peuvent aussi être très personnelles : de nombreux individus ressentent une insécurité financière et professionnelle et se font du souci pour la sécurité de leur famille et de leur communauté. L'éducation peut jouer un rôle, car elle peut contribuer à cerner, à prévenir et à atténuer les risques d'atteinte à la sécurité. Elle peut contribuer aussi à améliorer la résilience des citoyens et à mieux les préparer à faire face en temps de crise.

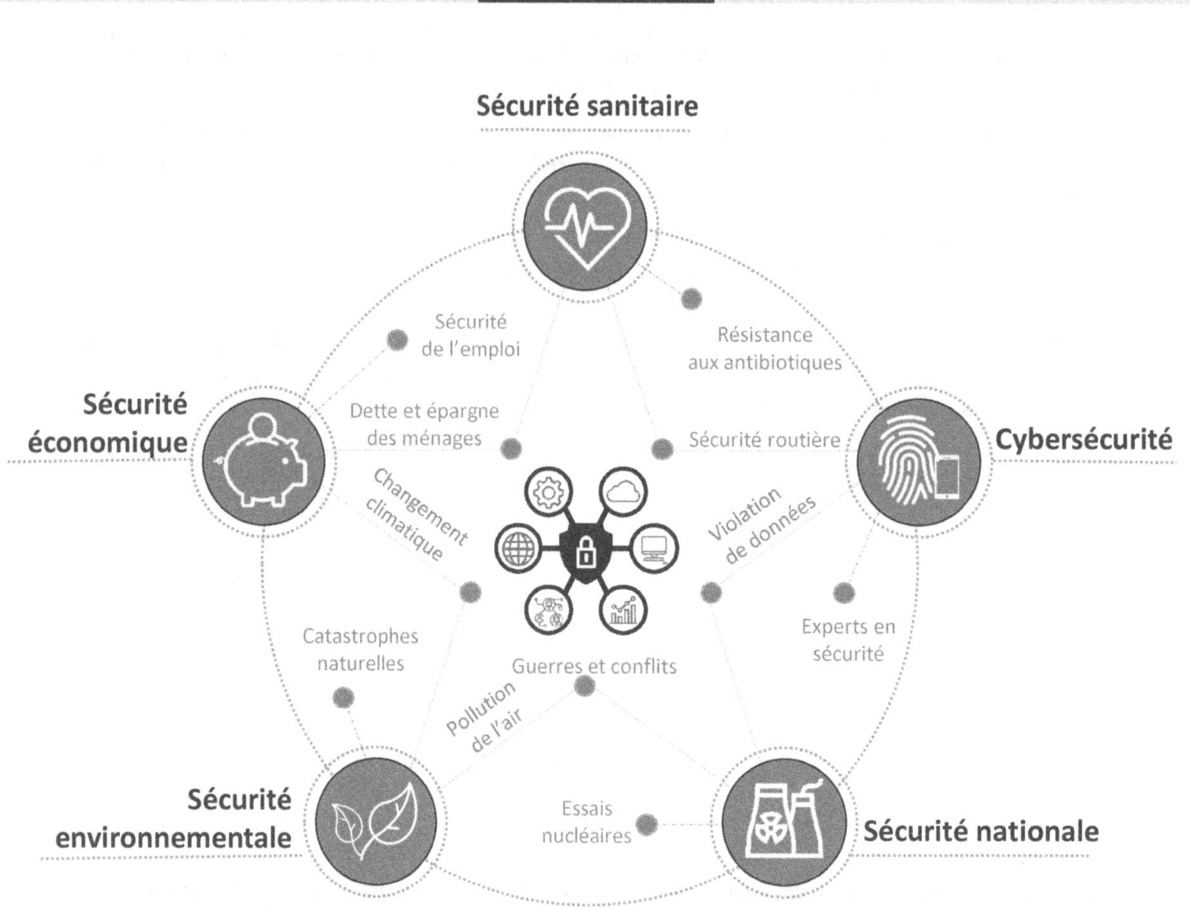

Faits marquants

Épargne en baisse

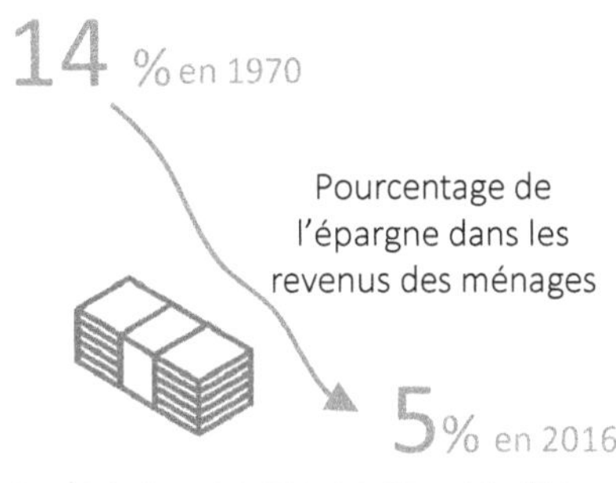

Sécurité nationale

Forte diminution de la probabilité de vivre dans un pays en conflit armé avec un autre pays depuis 1945

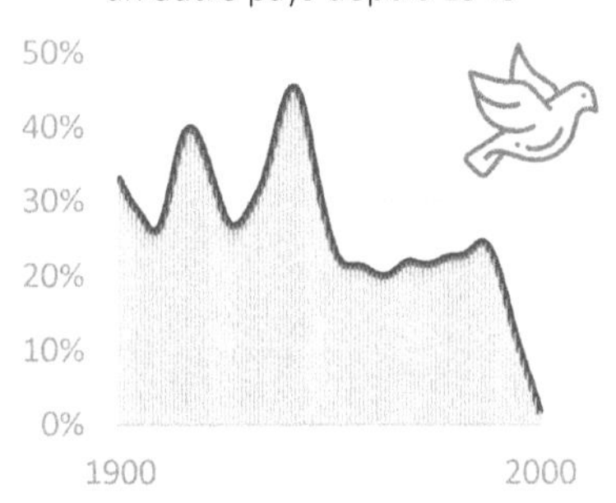

Sécurité sanitaire

De plus en plus de bactéries résistantes aux antibiotiques

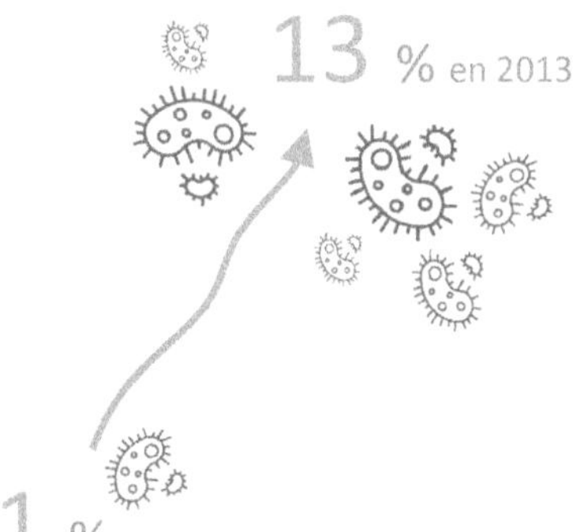

Changement climatique

Augmentation du nombre de catastrophes naturelles dans le monde depuis les années 1960

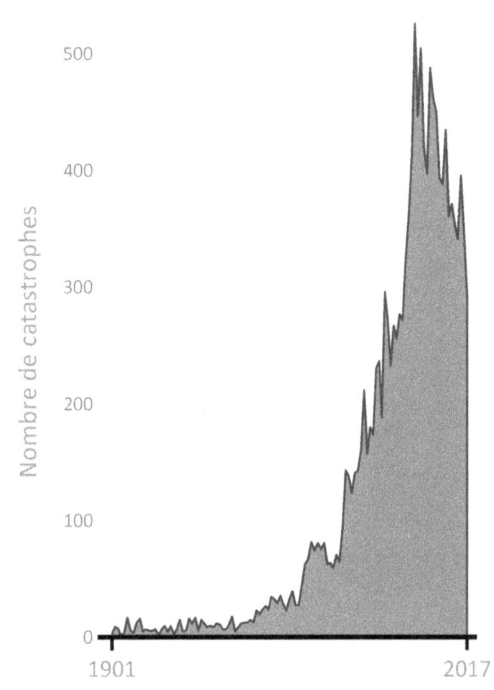

Risques cybernétiques

Augmentation des violations de données à cause de failles dans la sécurité, d'accidents ou d'attaques de pirates informatiques

SÉCURITÉ PERSONNELLE ET SANITAIRE

La sécurité de la personne est un droit fondamental garanti par la Déclaration universelle des droits de l'homme de 1948. Nous bénéficions d'une meilleure sécurité routière, de médicaments plus efficaces et d'une meilleure hygiène alimentaire, mais nous sommes face à des défis de plus en plus complexes en matière de sécurité. Comme nous voyageons davantage, les maladies peuvent se propager plus facilement. Dans un monde de plus en plus connecté, les réseaux terroristes peuvent menacer de nombreux pays en même temps. Et avec les chaînes d'approvisionnement mondialisées, les produits défaillants ou contaminés peuvent venir de nombreux endroits différents. L'éducation peut contribuer à améliorer la sensibilisation et à prévenir de nouvelles menaces plus complexes d'atteinte à la sécurité et nous aider à gérer et à réduire les risques personnels.

Graphique 3.1. Amélioration de la sécurité routière

Nombre de décès dus à des accidents de la route par 100 000 habitants en 1970, en 1990 et 2016

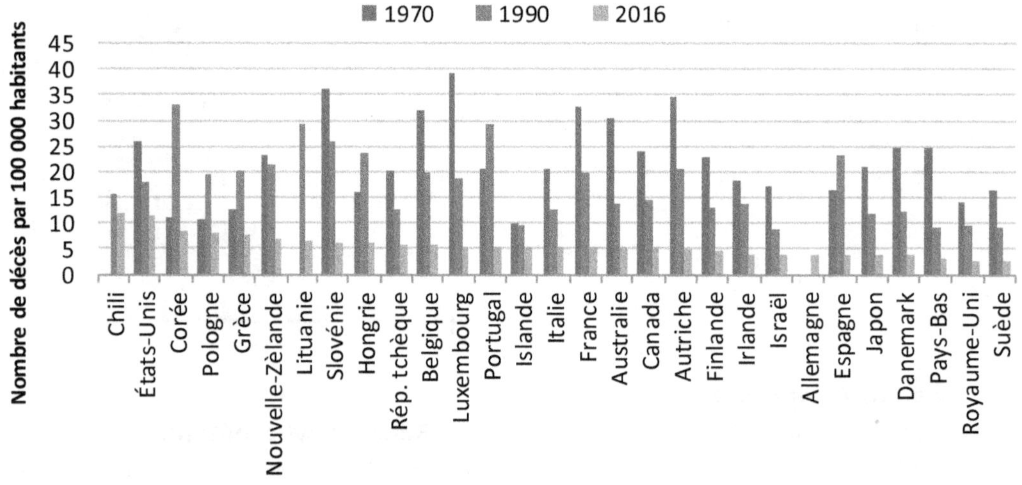

Remarque : les pays sont classés par ordre décroissant du nombre de décès en 2016.

Source : OCDE (2018a), *Accidents corporels routiers* (indicateur), http://stats.oecd.org.

StatLink https://doi.org/10.1787/888933888621

Le nombre de victimes d'accidents de la route a fortement baissé dans les pays de l'OCDE depuis les années 1970. Il a par exemple particulièrement baissé en Autriche, en Belgique, en France, au Luxembourg et en Slovénie, où le nombre de décès par 100 000 habitants est passé de 20 environ en 1970 à moins de 7 en 2016. Il a également baissé de façon spectaculaire, mais plus rapidement encore, en Corée, en Lituanie et au Portugal, où le nombre de décès par 100 000 habitants est passé de 30 environ en 1990 à moins de 9 en 2016. On doit cette plus grande sécurité routière à de nombreux facteurs différents : l'amélioration de la conception des infrastructures et des normes de sécurité des véhicules, la limitation de la vitesse et le durcissement du code de la route (interdiction d'utiliser un téléphone mobile au volant ou de conduire sous l'influence de l'alcool). À l'heure où les experts annoncent la généralisation prochaine des véhicules autonomes, les décideurs politiques étudient les implications de ce phénomène, afin de maintenir la sécurité routière à son niveau actuel, voire à l'améliorer.

Malgré de nombreux progrès, d'autres tendances menacent notre sécurité personnelle et notre santé. Parmi les phénomènes qui ont suscité de plus en plus d'attention, citons la résistance antimicrobienne, c'est-à-dire le fait que des organismes infectieux résistent à des antimicrobiens, tels que les antibiotiques, qui deviennent dès lors inefficaces. L'usage excessif et inapproprié d'antibiotiques compte parmi les nombreux facteurs importants qui contribuent à cette résistance. Dans les pays de l'OCDE, le pourcentage d'infections par bactérie résistante a augmenté, passant de 14 % en 2005 à 17 % en 2015. En Grèce, en Turquie et dans bon nombre des BRIICS, ce pourcentage devrait passer la barre des 40 % d'ici 2030. Parallèlement, le nombre de nouveaux antibiotiques mis sur le marché a diminué, ce qui signifie que les perspectives de nouveaux traitements susceptibles de remplacer les traitements actuels lorsqu'ils seront inefficaces s'assombrissent.

Graphique 3.2. La prolifération des superbactéries

Pourcentage moyen de maladies provoquées par des bactéries résistantes dans huit combinaisons antibiotique-bactérie en 2005, en 2015 et en 2030

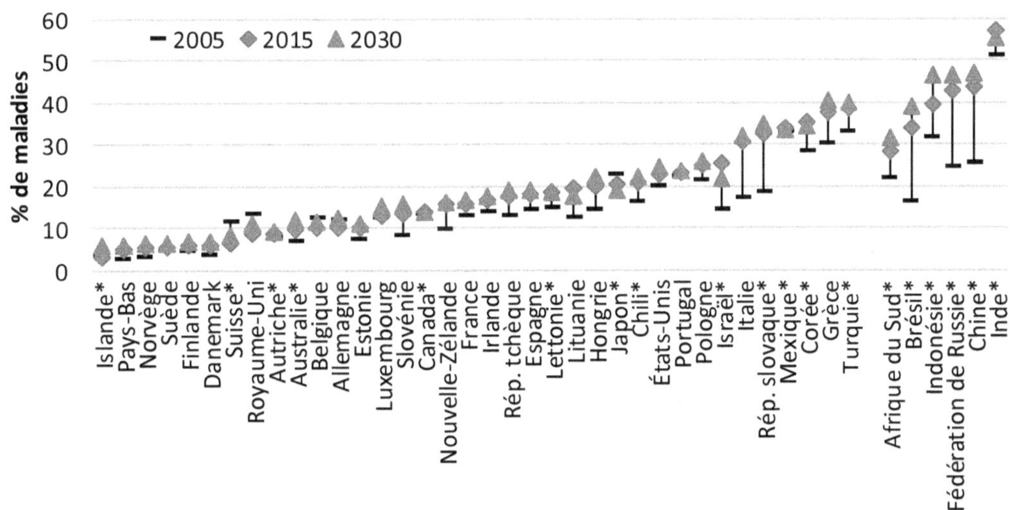

Remarque : l'astérisque indique que le pourcentage d'observations est inférieur à 50 % dans les huit combinaisons antibiotique-bactérie entre 2005 et 2015. Les pays sont classés de gauche à droite dans l'ordre croissant du pourcentage en 2015.

Source : OCDE (2018), *Stemming the Superbug Tide: Just A Few Dollars More*, https://doi.org/10.1787/9789264307599-en.

StatLink https://doi.org/10.1787/888933888640

Quelles conséquences pour l'éducation ?

- Que devrait faire l'école pour promouvoir l'adoption de comportements bons pour la santé ? Faut-il bannir les boissons sucrées et les plats de restauration rapide des cantines scolaires et imposer de l'exercice physique au quotidien à l'école ?
- Faut-il autoriser les crèches et les écoles maternelles à accueillir les enfants en retard de vaccination ? Y a-t-il un compromis entre choix personnel et sécurité collective ?
- La sécurité routière reste parmi les priorités. Comment les professionnels de l'éducation peuvent-ils s'y prendre pour sensibiliser les élèves aux dangers de la route ? Comment garantir la sécurité aux abords des écoles ?

CYBERSÉCURITÉ

Nous sommes tributaires du fonctionnement ininterrompu des systèmes basés sur les technologies de l'information et de la communication dans la quasi-totalité des aspects de notre vie de tous les jours. Biens, services et infrastructures sont tous ou presque coordonnés et mis à notre disposition par l'intermédiaire de systèmes informatiques. D'énormes volumes de données sensibles ou confidentielles sont enregistrés sur des serveurs dans le monde entier. Les atteintes à la sécurité en cas de vol, de fuite, etc. de données ont des conséquences économiques, sociales et politiques. La question de savoir qui – les individus, les entreprises ou les gouvernements – contrôle quelles données fait également débat. L'éducation a un rôle important à jouer : amener les individus à faire des choix sensés concernant la gestion de leurs données et de celles des autres en ligne, à se tenir au courant de l'évolution des risques cybernétiques et à prévenir et à détecter les escroqueries.

Graphique 3.3. Big data, grandes failles ?

Les violations de données les plus importantes dans le monde (en milliards de fichiers), par mode opératoire, entre 2004 et 2018

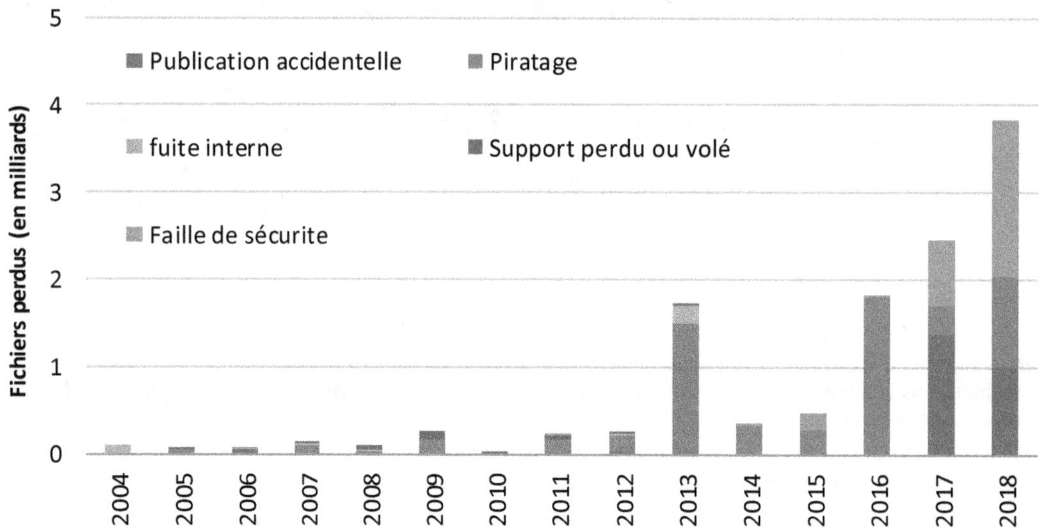

Remarque : le graphique porte sur les pertes de plus de 30 000 fichiers ; les données sont compilées à partir de dossiers publiés par DataBreaches.net et IdTheftCentre et de reportages dans la presse. Par « fuite interne », on entend le fait que des personnes (des membres du personnel) ont intentionnellement enfreint le règlement et divulgué des données auxquelles elles avaient dûment accès.

Source : Information is Beautiful (2018), « World's biggest data breaches: Selected loses bigger than 30,000 records », https://informationisbeautiful.net/visualizations/worlds-biggest-data-breaches-static/.

StatLink https://doi.org/10.1787/888933888659

Nous partageons nous-mêmes de plus en plus d'informations à propos de notre vie, ce qui n'est pas sans risque, puisque que la vente de données personnelles sensibles est de de plus en plus lucrative. Les vols de données prennent de plus en plus d'ampleur : le piratage de plus d'1 milliard de comptes Yahoo est le record de l'année 2013. Les nom, numéro de téléphone, mot de passe et autres données sensibles des utilisateurs ont été « volés », mais le problème a seulement été rendu public en 2016. Une énorme fuite a été enregistrée en 2017 : la publication accidentelle de données du système indien Aadhaar, qui gère les données, notamment biométriques, de plus d'1 milliard d'Indiens. Et le nombre de comptes des pouvoirs publics perdus ou volés n'a jamais été aussi élevé qu'en 2018.

Les incidents cybernétiques coûtent cher, plus de 8 trillions d'USD entre 2017 et 2022 dans le monde, selon les estimations (Moar, 2017). Des questions éthiques se posent aussi concernant l'utilisation des données personnelles et la mesure dans laquelle les individus peuvent ou devraient consentir à la collecte ou au partage de leurs données. Les connaissances et compétences dans le domaine de la confidentialité des données et de la cybersécurité sont des atouts précieux, comme le montre l'augmentation constante du nombre de certifications en cybersécurité (ISC)² depuis 2003. L'Association internationale des professionnels de la protection de la vie privée (International Association of Privacy Professionals, IAPP) compte toujours plus de membres, de 100 en 2003 à plus de 3 300 en 2018.

Graphique 3.4. Demande croissante d'experts en sécurité et en protection de la vie privée

Évolution du nombre d'experts professionnels ou certifiés en sécurité et en protection de la vie privée, entre 2003 et 2018

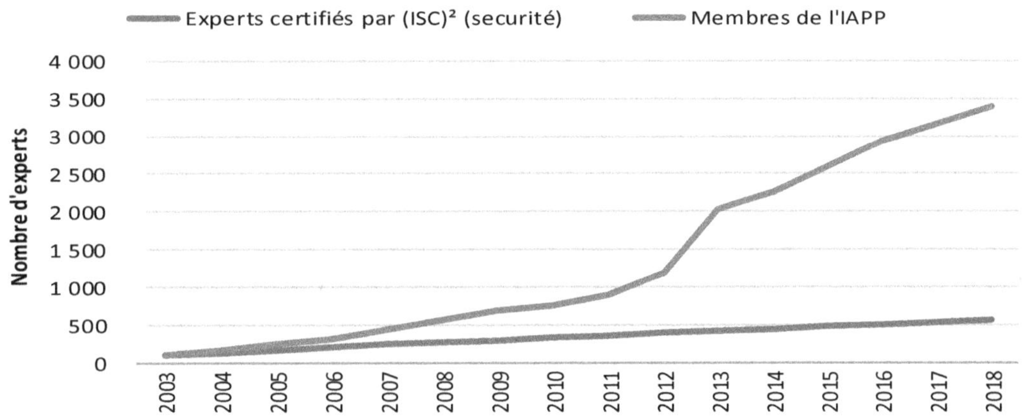

Remarque : les données de 2017 ne sont pas disponibles. Les données de 2018 de l'IAPP sont des estimations.

Source : OCDE (2018), *Perspectives de l'économie numérique de l'OCDE 2017*, https://doi.org/10.1787/9789264282483-fr ; (ISC)², www.isc2.org/About/Member-Counts ; IAPP, https://iapp.org/about/iapp-facts/.

StatLink https://doi.org/10.1787/888933888678

Quelles conséquences pour l'éducation ?

- Comment l'école peut-elle s'y prendre pour encourager les jeunes à faire en toute connaissance de cause des choix responsables concernant la gestion de leurs données personnelles ? Les professionnels de l'éducation devraient-ils intégrer la culture numérique – et les risques qui en découlent – dans leurs cours ?
- Quelles compétences faut-il dans un monde exposé en permanence aux risques cybernétiques ? Est-ce envisageable de former des « hackers responsables » à la lutte contre les piratages illicites ? Est-ce le rôle de l'école ? Sinon, à qui incombe ce rôle ?
- Il faut de nouvelles stratégies pour contrer les attaques cybernétiques et les armes biologiques. Comment les systèmes d'éducation peuvent-ils produire une main-d'œuvre souple et hautement qualifiée qui possède les compétences nécessaires (en informatique, en résolution de problèmes, en raisonnement critique, en langues) pour mettre nos nations en sécurité ?

SÉCURITÉ NATIONALE

Par sécurité nationale, on entend généralement le fait de défendre la nation contre l'invasion ou l'occupation, même si le concept peut s'étendre aussi à la liberté de promouvoir des valeurs fondamentales sans menace de guerre. La sécurité nationale est une priorité qui se reflète dans le mandat des forces armées et des services chargés du contrôle des frontières ainsi que dans le financement de la recherche-développement. Notre perception de la sécurité évolue à mesure que les menaces qui pèsent sur nos nations changent. Les guerres conventionnelles entre États sont moins courantes, mais la violence politique et les conflits intérieurs persistent. De surcroît, de nouvelles menaces, comme les cyberattaques, apparaissent. L'éducation devrait jouer un rôle : nous aider à tirer des enseignements du passé et, idéalement, à améliorer notre politique étrangère pour éviter les conflits.

Graphique 3.5. Détente mutuelle assurée ?

Évolution du nombre d'essais nucléaires, entre 1945 et 2018

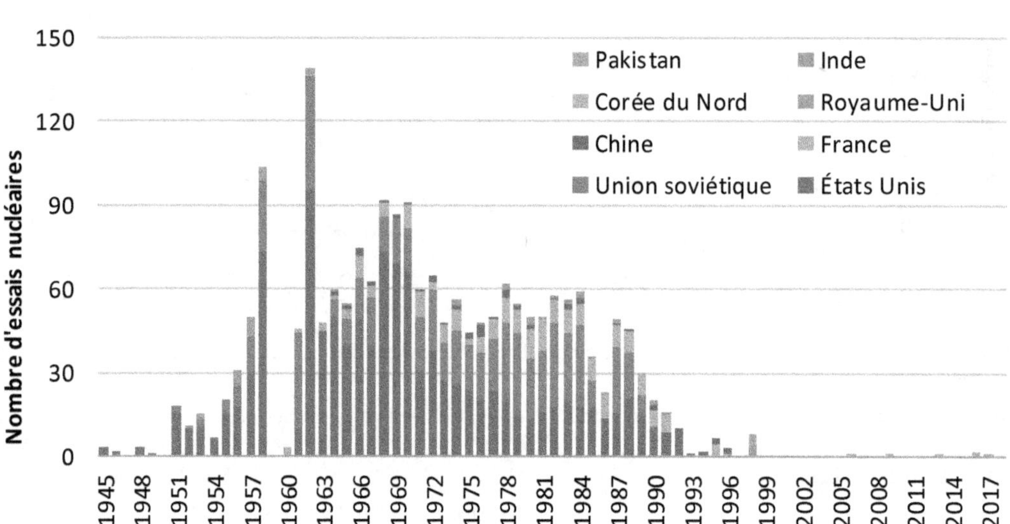

Remarque : il est confirmé que depuis 2014, des essais nucléaires ont eu lieu en Corée du Nord.

Source : Oklahoma Geological Survey Observatory et Lawson (2014), http://digitalprairie.ok.gov/cdm/compoundobject/collection/stgovpub/id/9093/rec/1.

StatLink https://doi.org/10.1787/888933888697

L'arme nucléaire a été utilisée à deux reprises seulement en temps de guerre, à Hiroshima et à Nagasaki, au Japon, en 1945. Dans les années qui ont suivi, quelques pays se sont lancés dans la course à l'armement nucléaire, avec des projets de recherche et d'essai. Les États-Unis et l'Union soviétique se sont dotés d'un arsenal nucléaire si puissant que tout conflit entre les deux pays s'assimilerait de l'avis général à une « destruction mutuelle assurée ». Au début des années 1970, le processus dit de *détente* a entraîné une réduction progressive du nombre annuel d'essais nucléaires. Le nombre d'essais nucléaires a fortement diminué au début des années 1990, avec la dissolution de l'Union soviétique. Il n'y a plus eu d'essais nucléaires dans le monde depuis 1998, à l'exception de ceux de la Corée du Nord.

Cette diminution des essais nucléaires s'inscrit dans une tendance à la baisse des conflits armés entre pays. En 2000, la probabilité de vivre dans un pays en conflit armé n'avait jamais été aussi faible depuis le début de son suivi, en 1820. Cette tendance se poursuit, abstraction faite toutefois des agressions intranationales et des cyberattaques.

Par contraste, le nombre de conflits internes, ou guerres civiles, continue tantôt d'augmenter, tantôt de diminuer. En 2000, la probabilité de conflits internes était à peine supérieure à 27 %, soit légèrement au-dessus de la moyenne annuelle historique de 24 %. Les risques d'atteinte à la sécurité augmentent clairement dans un domaine : le terrorisme a fortement augmenté, même s'il est difficile de définir les actes à classer dans cette catégorie et de les répertorier. Les menaces qui pèsent sur les nations évoluent avec le monde moderne, et les compétences dont les citoyens et le personnel de sécurité ont besoin pour les contrer évoluent aussi.

Graphique 3.6. La paix au fil du temps

Évolution de la probabilité de vivre dans un pays en situation de conflit armé, entre 1820 et 2000

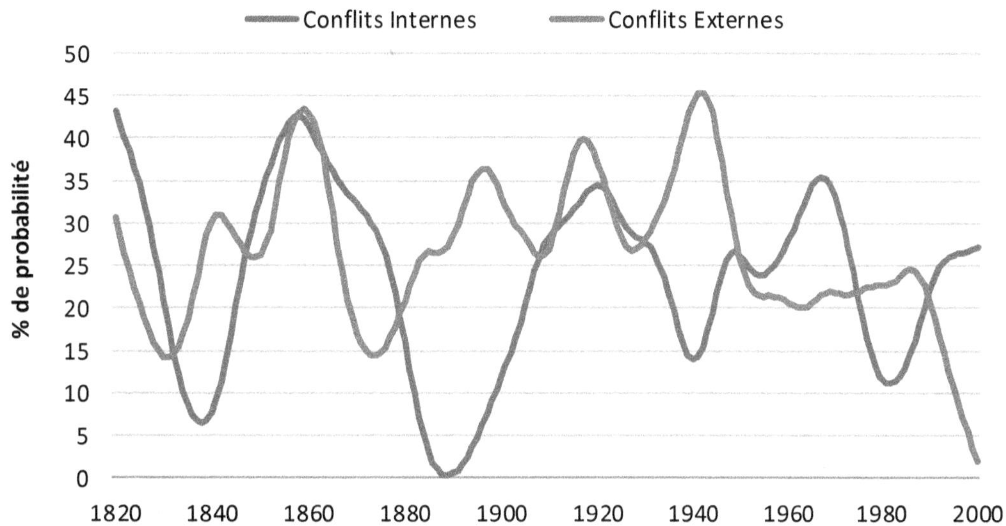

Remarque : la probabilité de vivre dans un pays en situation de conflit armé est estimée sur la base du nombre moyen de conflits dans un pays donné durant une année donnée (variable binaire) pondéré en fonction du nombre d'habitants.

Source : van Zanden, J. *et al.* (2014), *How Was Life? Global Well-being since 1820*, http://dx.doi.org/10.1787/9789264214262-en.

StatLink https://doi.org/10.1787/888933888716

Quelles conséquences pour l'éducation ?

- L'éducation civique a été mise en lien avec l'amélioration de la tolérance et de la confiance. Ce potentiel est-il pleinement exploité par l'école ? Par exemple pour prévenir la radicalisation ? Que faire de plus ?
- Les pays se tournent souvent vers l'éducation pour remédier à des problèmes sociaux. L'éducation peut-elle contribuer à prévenir la criminalité, par exemple en faisant en sorte que des jeunes à risque restent scolarisés ou en proposant des cours d'autodéfense aux élèves ? Est-ce souhaitable ?
- Les jeunes venant de zones de conflit, en particulier les mineurs non accompagnés, sont face à des défis particuliers en matière d'apprentissage. Les systèmes d'éducation sont-ils capables de les aider ? Par exemple par un soutien psychologique et un dispositif qui leur permettrait de rattraper les années de scolarité perdues ?

SÉCURITÉ ENVIRONNEMENTALE

Notre environnement est précieux. Il est indispensable à la vie et à la santé et soutient nos économies et nos sociétés. Les efforts consentis par la communauté internationale pour lutter contre le changement climatique peuvent réduire fortement les émissions et la pollution. Toutefois, l'évolution est lente, et le temps presse. Selon les prévisions, le changement climatique entraînera une augmentation du niveau de la mer, une perte continue de biodiversité et des événements climatiques plus extrêmes. L'éducation est importante pour prévenir et atténuer les risques auxquels notre planète s'expose. Elle peut aussi contribuer à promouvoir les comportements responsables et durables qu'il est indispensable d'adopter pour garantir un avenir mondial sans danger.

Graphique 3.7. Dans l'œil du cyclone : les catastrophes naturelles plus nombreuses dans le monde

Évolution du nombre de catastrophes répertoriées, entre 1900 et 2018

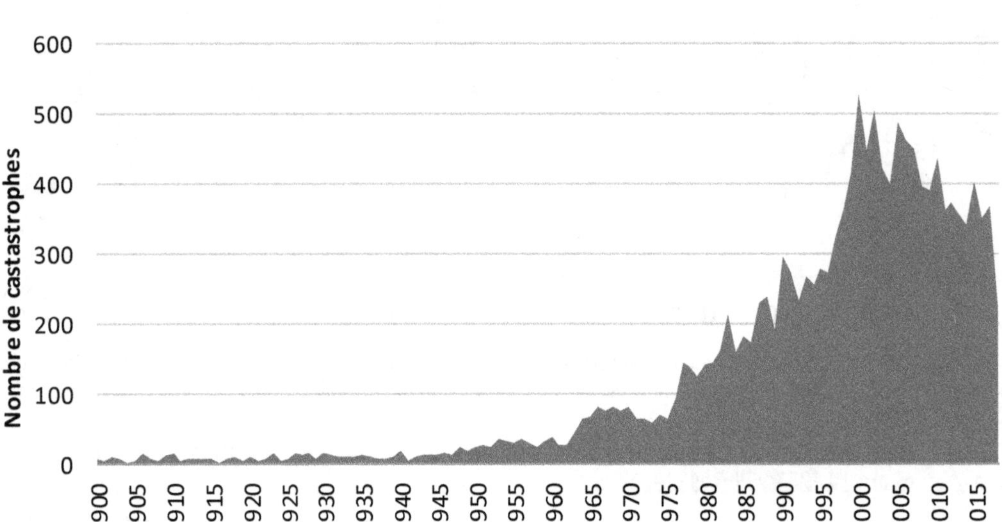

Remarque : les catastrophes répertoriées sont les sécheresses, les inondations, les épidémies, les événements climatiques extrêmes, les températures extrêmes, les glissements de terrain, les impacts de corps célestes, les feux de forêt, les éruptions volcaniques et les séismes.

Source : EM-DAT (2018), *The Emergency Events Database*, www.emdat.be.

StatLink https://doi.org/10.1787/888933888735

Les effets du changement climatique se ressentent : élévation des températures, augmentation du niveau de la mer et multiplication des phénomènes climatiques extrêmes. Le nombre et la gravité des catastrophes naturelles enregistrées chaque année ont augmenté de manière croissante durant le siècle dernier. Ouragans, inondations, sécheresses et feux de forêt ont coûté la vie à des milliers de personnes en 2018. Les efforts déployés pour atténuer le changement climatique portent leurs fruits, comme l'atteste par exemple l'utilisation grandissante d'énergies renouvelables, mais il reste énormément à faire. Il faut non seulement atténuer le changement climatique, mais aussi accorder plus d'importance à l'amélioration de la résilience, pour que nos économies et nos sociétés puissent encaisser les chocs environnementaux et à rebondir le plus vite possible.

La pollution de l'air est liée à un grand nombre de problèmes de santé, tels que les maladies cardiovasculaires et les cancers. Plus de 3.2 millions de personnes y ont succombé, et le nombre de victimes devrait continuer à augmenter. Parmi les pays de l'OCDE, seuls quelques pays européens et, peut-être, l'Australie et la Nouvelle-Zélande pourraient enregistrer une diminution de la mortalité liée à la pollution d'ici 2060. De nombreux pays de l'OCDE s'attaquent directement à la pollution urbaine dans leurs plus grandes villes, par des mesures visant par exemple à réduire les émissions des véhicules routiers et de l'industrie et à multiplier les espaces verts. La popularité croissante et la démocratisation des prix des véhicules électriques devraient contribuer à inverser la tendance à la hausse de la pollution.

Graphique 3.8. Air toxique

Évolution estimée du nombre de décès imputables chaque année à la pollution atmosphérique par million de personnes, entre 2010 et 2060

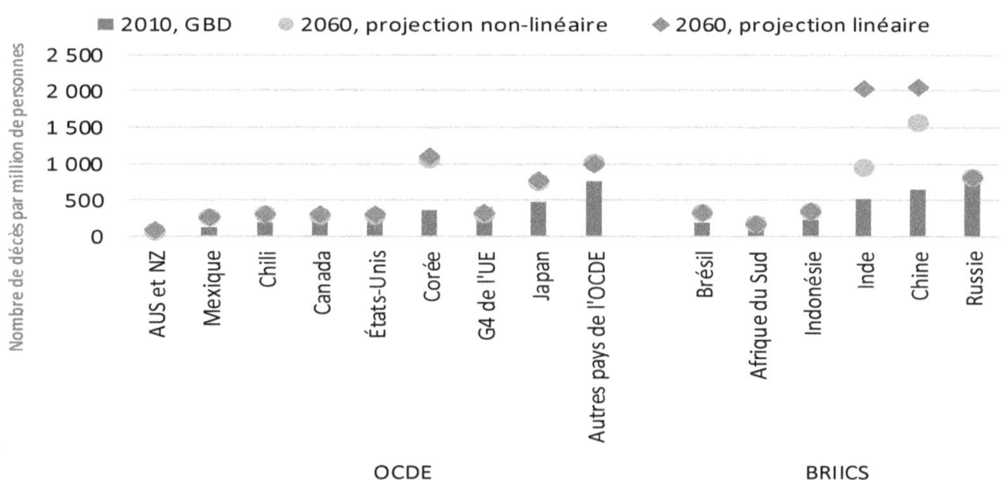

Remarque : les données de 2010 proviennent du projet « Global Burden of Disease » (GBD). La projection linéaire prévoit que l'augmentation de la pollution entraînera une augmentation proportionnelle du nombre de décès, et la projection non linéaire, que le nombre de décès augmentera à un rythme plus lent à des niveaux plus élevés de pollution.

Source : OCDE (2016), *Les conséquences économiques de la pollution de l'air extérieur*, https://doi.org/10.1787/9789264262294-fr.

StatLink https://doi.org/10.1787/888933888754

Quelles conséquences pour l'éducation ?

- Comment les décideurs politiques peuvent-ils faire en sorte que la reprise des cours soit la première, et non la dernière, des priorités du retour à la normale après une catastrophe ? Quelles sont les connaissances et les compétences que l'école devrait enseigner pour mieux préparer les élèves à survivre à une catastrophe naturelle et à rebondir par la suite ?
- Nos attitudes sont influencées par ce qui nous entoure. Comment construire des infrastructures scolaires qui promeuvent la protection de l'environnement, répondent aux besoins des élèves et suivent les nouvelles normes écologiques ?
- Dans quelle mesure les jeunes réussissent-ils à comprendre les liens entre leurs décisions quotidiennes et les conséquences à long terme qu'elles peuvent avoir, pas uniquement pour eux-mêmes, mais pour la société dans son ensemble ? Les systèmes d'éducation peuvent-ils les aider dans ce processus ?

SÉCURITÉ ÉCONOMIQUE

Pour les individus, la sécurité économique, c'est à la fois la sécurité financière (avoir une épargne suffisante et de bonnes assurances et pouvoir accéder à des crédits abordables) et la sécurité professionnelle, c'est-à-dire travailler contre rémunération dans un cadre sans danger. Ces dernières décennies, la tendance est à la détérioration de la sécurité financière et professionnelle dans les pays de l'OCDE, après l'évolution des économies au lendemain de la crise financière. L'éducation jouera un rôle important : faire en sorte que les adultes et les enfants acquièrent les compétences dont ils ont besoin pour être en bonne place sur le marché du travail de l'avenir et sachent mieux assumer leur responsabilité personnelle accrue en matière de sécurité financière.

Graphique 3.9. L'épargne et la dette des ménages

Évolution moyenne de l'épargne (à gauche) et de la dette (à droite) des ménages (en pourcentage de leurs revenus disponibles) dans les pays de l'OCDE, entre 1970 et 2016

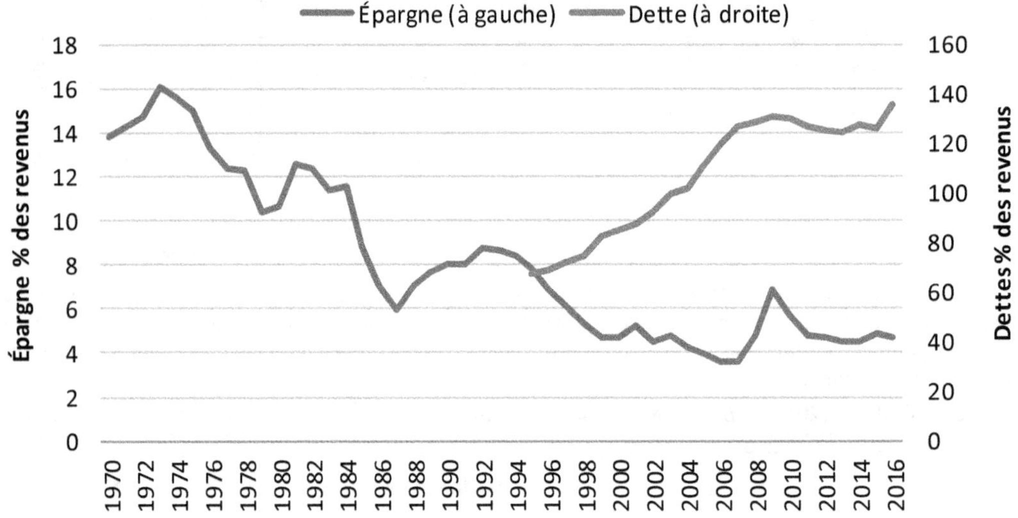

Remarque : la moyenne de l'OCDE est calculée sur la base de 32 pays (voir StatLink pour des informations complètes).

Source : OCDE (2018), *Statistiques de l'OCDE sur les comptes nationaux* (base de données), https://stats.oecd.org/.

StatLink https://doi.org/10.1787/888933888773

En moyenne, dans les pays de l'OCDE, la dette des ménages a augmenté alors que leur épargne a diminué. La dette des ménages n'a jamais été aussi élevée en 2016 que lors des deux décennies précédentes. Combiner un endettement plus important et une maigre épargne peut être risqué. Selon l'accessibilité de l'épargne, une hausse soudaine des dépenses ou une chute brutale des revenus peuvent être d'autant plus stressants que l'endettement est élevé. Lorsque les effets de ce stress se ressentent largement, comme lors de la crise financière de 2008, des pans entiers de l'économie peuvent être ébranlés. S'ils ont les connaissances et les compétences appropriées, les individus peuvent dans une certaine mesure garantir eux-mêmes leur sécurité économique. Toutefois, les niveaux de culture financière sont peu élevés : en 2015, près d'un quart des élèves de 15 ans n'ont pas réussi à atteindre le seuil de compétence en culture financière, ce qui signifie qu'ils sont au mieux capables de prendre des décisions à propos de dépenses de tous les jours et de reconnaître l'objet de documents financiers courants tels que des factures (OCDE, 2017).

La sécurité de l'emploi est un aspect important de la sécurité économique et financière. La mondialisation a entraîné la délocalisation de nombreux emplois vers différents endroits du monde ; avec l'automatisation, des machines sont capables d'effectuer des tâches autrefois effectuées par l'homme ; et sous l'effet de la désindustrialisation, de plus en plus d'emplois relèvent de l'économie du savoir et de moins en moins du travail manuel. Autre tendance, la montée en puissance de la *gig economy*, ou l'essentiel du travail n'est plus lié au salariat, mais est coordonné par des plateformes numériques pour indépendants. Dans 28 des 33 pays de l'OCDE dont les données sont disponibles, l'insécurité a grandi sur le marché du travail entre 2007 et 2015 ; en d'autres termes, le manque à gagner dû au chômage a augmenté en moyenne.

Graphique 3.10. Travailleurs précaires

Évolution du pourcentage estimé de manque à gagner dû au chômage, entre 2007 et 2015

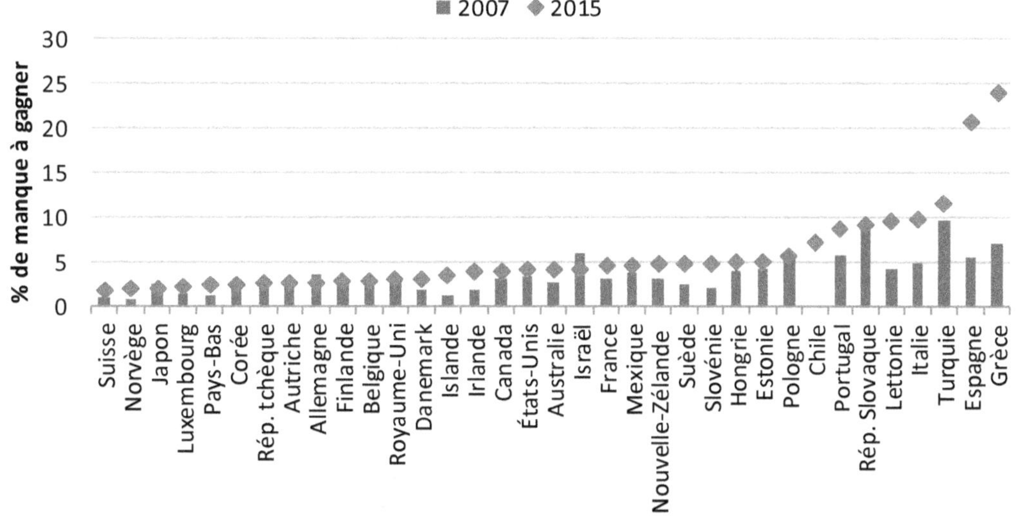

Remarque : le manque à gagner est estimé à partir de la probabilité d'être au chômage, de la durée prévue de la période de chômage et des allocations publiques de chômage (transferts publics aux chômeurs). Les données d'Israël se rapportent à 2008 et non à 2007.

Source : OCDE (2016), *Base de données sur l'emploi, Qualité de l'emploi*, www.oecd.org/statistics/job-quality.htm.

StatLink https://doi.org/10.1787/888933888792

Quelles conséquences pour l'éducation ?

- Même les diplômés de l'enseignement tertiaire n'ont parfois pas les connaissances et les compétences requises pour s'occuper de leurs finances. Les systèmes d'éducation doivent-ils prévoir davantage de cours de culture financière ? Ou améliorer les cours qui existent déjà ?
- Quelles compétences (l'esprit d'entreprise, la résilience et la persévérance, par exemple) seront valorisées si le travail passe essentiellement par des plateformes pour indépendants à l'avenir ?
- Quelles sont les connaissances et compétences susceptibles d'aider les individus à adopter des comportements prudents et à prendre des décisions éclairées concernant leur sécurité financière personnelle ?

LA SÉCURITÉ ET L'ÉDUCATION : EN AVANT, TOUTE !

En quoi certaines des tendances présentées dans ce chapitre au sujet de la sécurité entrent-elles en interaction avec l'éducation ? L'éducation peut-elle influer sur ces tendances ? Quelques réponses sont évidentes et portent sur le court terme, par exemple l'impact des risques cybernétiques sur les élèves et la possibilité pour les professionnels de l'éducation d'enseigner la résilience numérique. D'autres réponses portent sur un plus long terme, par exemple la nécessité de construire des bâtiments scolaires capables de résister à des phénomènes climatiques extrêmes.

Lier éducation et sécurité

Protéger le corps et l'âme

- Améliorer l'éducation en matière de santé, pour amener les individus à prendre des décisions éclairées, par exemple le bon usage des antibiotiques et l'importance de la vaccination dans tous les groupes d'âge
- Éduquer à la prudence, pour garantir la sécurité à l'école et dans les aires de jeux
- Impliquer davantage d'acteurs dans la gouvernance du système d'éducation, dont les familles, les collectivités et les chercheurs

Sécuriser le cyberespace

- Amener tous les individus, en particulier les plus vulnérables, à acquérir une culture numérique
- Améliorer les compétences en informatique des professionnels de l'éducation pour les aider à mieux utiliser les technologies dans l'enseignement et l'apprentissage
- Établir des partenariats avec de grands chefs d'entreprise, des experts et des pirates informatiques responsables pour faire face aux menaces cybernétiques

Respecter les frontières

- Investir dans la R&D pour renforcer les systèmes nationaux d'innovation et de défense, y compris pour contrer le cyber terrorisme
- Enseigner la politique, l'histoire et le civisme et améliorer la tolérance, la confiance et la résilience
- Encourager les élèves à faire entendre leur voix, grâce aux associations d'élèves et aux délégués de classe

Préserver l'environnement

- Améliorer les domaines d'études relatifs à l'environnement dans l'enseignement secondaire et tertiaire pour renforcer la capacité de prévenir les catastrophes naturelles, de s'en défendre et d'en atténuer leurs effets
- Promouvoir le respect de l'environnement à l'école et à l'université par l'exemple, en optant pour des infrastructures et des fournitures durables, et en favorisant les moyens de transport propres
- Soutenir la recherche nationale et internationale dans les technologies propres et les technologies vertes innovantes

Garantir le bien-être financier

- Améliorer la culture financière dans tous les groupes d'âge, des plus jeunes aux plus âgés
- Proposer des programmes de reconversion et de développement des compétences pour aider les chômeurs à retrouver du travail
- Renforcer les filières techniques et professionnelles d'enseignement et soutenir les modèles de formation sous contrat d'apprentissage avec divers types d'employeurs (y compris dans le secteur du numérique)

Réflexion : se préparer à l'incertitude

Les projets ont beau être les mieux ficelés, l'avenir est imprévisible en soi. Cette section explore quelques exemples d'incertitude qui entoure les tendances abordées dans ce chapitre.

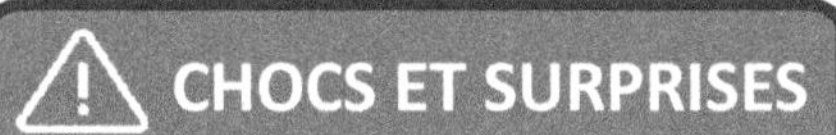

Pandémie mondiale ?

- Comme la planète est plus densément peuplée et que les déplacements internationaux sont nettement plus nombreux qu'il y a cent ans, il est impossible d'exclure une pandémie mondiale de la même ampleur que celle de la grippe en 1918. Une pandémie pourrait être gravissime, car nous ne savons pas qui seraient les plus touchés, ni comment ils le seraient. Les maladies infectieuses résistantes pourraient en particulier faire des ravages.
- *Si cela devait se produire, comment les systèmes d'éducation pourraient-ils réunir élèves et enseignants malgré le risque de contamination?*

Robot : ami ou ennemi ?

- Avec les progrès de la robotisation et de l'intelligence artificielle, la machine pourrait finir par prendre des décisions qui s'écartent des préférences ou de l'intérêt de l'homme. La machine pourrait également commencer à tenter de s'arroger plus de pouvoir au détriment de l'homme. La nature du risque auquel cette évolution expose l'homme et sa proximité dans le temps font débat même parmi les experts éclairés.
- *L'école doit-elle nous préparer à un monde de négociation, voire de conflit avec la machine ?*

DISCONTINUITÉS

Conflit numérique ?

- La recrudescence des conflits entre pays n'est pas à exclure, que ce soit sous la forme d'agressions conventionnelles ou de cyberattaques. Les cyberattaques pourraient avoir de lourdes conséquences matérielles, par exemple pour les infrastructures ou les services de soins de santé.
- *Quels types de partenariat les gouvernements pourraient-ils établir avec les universités et les instituts de recherche dans leur quête des meilleures connaissances et compétences à acquérir pour atteindre des objectifs cybermilitaires ?*

COMPLEXITÉ

Apprendre à distance, si loin, si proche ?

- Les télécommunications et la téléprésence sont de plus en plus utiles grâce à l'amélioration de la visioconférence et de la réalité augmentée, à tel point que de nombreuses interactions physiques sont remplacées par des interactions virtuelles. L'apprentissage à distance est un concept bien connu qui pourrait se généraliser. Les progrès technologiques dans des domaines tels que la réalité virtuelle rendent toutes ces avancées encore plus prometteuses.
- *Par quels moyens l'éducation peut-elle suivre de tels changements s'ils ont lieu dans d'autres sphères de l'économie et de la société ? Comment peut-elle en tirer le meilleur parti ?*

POUR EN SAVOIR PLUS

Sources d'information pertinentes

- CRED (2018), *The Emergency Events Database* (EM-DAT), Centre for Research on the Epidemiology of Disasters (www.emdat.be), Université catholique de Louvain (UCL), D. Guha-Sapir, Bruxelles, Belgique (données consultées le 27 novembre 2018).
- Information is Beautiful (2018), « World's biggest data breaches: Selected loses bigger than 30.000 records », Information is Beautiful, https://informationisbeautiful.net/visualizations/worlds-biggest-data-breaches-static/ (document consulté le 10 décembre 2018).
- Marshall, M. et G. Elzinga-Marshall (2017), *Global Report 2017*, Center for Systemic Peace, www.systemicpeace.org/vlibrary/GlobalReport2017.pdf (rapport consulté le 19 avril 2018).
- Moar, J. (2017), *Cybercrime & Security: Enterprise, Threats & Mitigation*, https://www.juniperresearch.com/researchstore/innovation-disruption/cybercrime-security/enterprise-threats-mitigation (document consulté le 20 avril 2018).
- OCDE (2016), *Base de données sur l'emploi, Qualité de l'emploi* (base de données), www.oecd.org/statistics/job-quality.htm.
- OCDE (2016), *Les conséquences économiques de la pollution de l'air extérieur*, Éditions OCDE, Paris, https://doi.org/10.1787/9789264262294-fr.
- OCDE (2017), *PISA 2015 Results (Volume IV): Students' Financial Literacy*, PISA, Éditions OCDE, Paris, https://doi.org/10.1787/9789264270282-en.
- OCDE (2018), *Accidents de la route, victimes* (base de données), http://stats.oecd.org/ (indicateur consulté le 31 juillet 2018).
- OCDE (2018), *Perspectives de l'économie numérique de l'OCDE 2017*, Éditions OCDE, Paris, https://doi.org/10.1787/9789264282483-fr.
- OCDE (2018), *Statistiques de l'OCDE sur les comptes nationaux* (base de données), https://stats.oecd.org/.
- OCDE (2018), *Stemming the Superbug Tide: Just A Few Dollars More*, Études de l'OCDE sur les politiques de santé, Éditions OCDE, Paris, http://dx.doi.org/10.1787/9789264307599-en.
- Oklahoma Geological Survey Observatory et J. Lawson (2014), « Oklahoma Geological Survey nuclear explosion catalog », Oklahoma Geological Survey, http://digitalprairie.ok.gov/cdm/compoundobject/collection/stgovpub/id/9093/rec/1 (document consulté le 19 avril 2018).
- van Zanden, J. *et al.* (dir. pub.) (2014), *How Was Life?: Global Well-being since 1820*, Éditions OCDE, Paris, http://dx.doi.org/10.1787/9789264214262-en.

Glossaire

- **Antimicrobien** : médicament exterminant les micro-organismes ou arrêtant leur croissance. Les antimicrobiens se distinguent selon le type de micro-organismes qu'ils ciblent. Les antibiotiques sont par exemple des antimicrobiens utilisés dans le traitement des infections bactériennes.

- **Association internationale des professionnels de la protection de la vie privée (International Association of Privacy Professionals, IAPP)** : association sans but lucratif regroupant les professionnels de la protection de la vie privée.
- **Biométrie** : mesures et calculs basés sur des caractéristiques corporelles telles que les empreintes digitales, l'iris ou l'ADN. Les données biométriques qui en découlent peuvent servir à identifier des individus sans erreur. La biométrie est donc utile dans le domaine de la surveillance et du contrôle d'accès.
- **BRIICS** : acronyme désignant un groupe de pays, à savoir le Brésil, la Fédération de Russie, l'Inde, l'Indonésie, la Chine et l'Afrique du Sud.
- **Catastrophe naturelle** : phénomène naturel intense (sécheresse, séisme, épidémie, inondation, tempête, etc.), généralement à l'origine de nombreux décès et de dégâts importants.
- **Conflit interétatique** : confrontation violente entre deux États au moins, qui mobilisent leurs forces armées.
- **Conflit intérieur** : violence politique caractérisée par l'affrontement entre les forces armées d'un pays et un ou plusieurs groupes armés non étatiques.
- **Culture financière** : combinaison des connaissances, des savoirs, des savoir-faire, des attitudes et des comportements indispensables pour prendre des décisions financières en toute connaissance de cause et, en fin de compte, parvenir au bien-être financier.
- **Déclaration universelle des droits de l'homme** : texte adopté par l'Assemblée générale des Nations Unies qui consacre des droits fondamentaux, notamment le droit à la vie et le droit de ne pas être en esclavage.
- **Désindustrialisation** : processus d'évolution sociale et économique engagé lorsque des industries, par exemple de produits manufacturés, déclinent ou disparaissent dans un pays ou une région.
- **Énergie renouvelable** : énergie produite par l'eau (à l'exception des pompages), la chaleur de la Terre (géothermie), le soleil, le vent, les marées, les vagues et la biomasse.
- ***Gig economy*** : modèle dans lequel les travailleurs enchaînent les missions ou des activités différentes, toutes payées séparément, au lieu d'être salariés par un employeur.
- **(ISC)^2** : association internationale sans but lucratif ayant pour vocation de promouvoir la cybersécurité.
- **Pandémie** : propagation rapide d'une maladie infectieuse dans une vaste zone, voire dans le monde entier.
- **Pollution de l'air extérieur** : particules et ozone polluant l'air.
- **Résistance aux antimicrobiens** : capacité des micro-organismes (bactéries, virus et certains parasites) d'annihiler l'efficacité d'antimicrobiens (antibiotiques, antiviraux, antipaludiques). Il s'ensuit que les traitements classiques deviennent inefficaces et que les infections persistent et se propagent.
- **Sécurité économique** : capacité des individus, des ménages ou des collectivités de subvenir à leurs besoins essentiels.
- **Sécurité informatique (cybersécurité)** : protection des systèmes informatiques contre le vol et la dégradation de leurs composants et de leurs logiciels et l'accès non autorisé aux informations qui y sont enregistrées.
- **Violation de données** : incident lors duquel des personnes peuvent accéder à des données, les copier, les consulter, les voler ou en faire un autre usage alors qu'elles n'y sont pas autorisées.

Chapitre 4. Vivre mieux, vivre plus longtemps

Les seniors en meilleure santé restent actifs et vivent plus longtemps, et notre conception de la « vieillesse » évolue en conséquence. Ces évolutions nous invitent à réfléchir au rôle de l'éducation, si souvent confiné à la jeunesse. Ce chapitre analyse cette thématique sous cinq angles :

Vieillissement des sociétés *: analyse des tendances à l'allongement de l'espérance de vie et de l'espérance de vie en bonne santé.*

Aperçu des enjeux de santé *: description des menaces au bien-être des personnes âgées, notamment l'augmentation de la prévalence de la démence et du nombre de personnes isolées.*

Seniors actifs *: analyse des implications du vieillissement des sociétés sur les régimes de retraite et les marchés du travail.*

L'économie des seniors *: analyse des nouveaux débouchés économiques et des nouveaux besoins de compétences qu'implique une population vieillissante aisée.*

L'ère numérique *: analyse de la numérisation accrue de la vie des adultes plus âgés, qui offre de nouvelles possibilités, mais crée aussi de nouvelles menaces.*

Des liens sont ensuite établis entre les tendances du vieillissement analysées dans ce chapitre et l'éducation, en particulier l'apprentissage tout au long de la vie. En conclusion, ce chapitre montre qu'utiliser différents scénarios de ce que l'avenir nous réserve peut nous aider à mieux nous préparer à l'inconnu.

Les données statistiques concernant Israël sont fournies par et sous la responsabilité des autorités israéliennes compétentes. L'utilisation de ces données par l'OCDE est sans préjudice du statut des hauteurs du Golan, de Jérusalem-Est et des colonies de peuplement israéliennes en Cisjordanie aux termes du droit international.

VIVRE MIEUX, VIVRE PLUS LONGTEMPS : VUE D'ENSEMBLE

Notre population vieillit. Les seniors en meilleure santé restent actifs et vivent plus longtemps. Dans l'ensemble, ils tendent aussi être plus aisés, ce qui crée de nouveaux débouchés commerciaux, puisqu'il faut répondre aux besoins spécifiques qu'ils éprouvent. Il y a cependant des risques : la prévalence de troubles tels que le diabète et la démence augmente et le rétrécissement des cercles sociaux peut plonger les personnes âgées dans la solitude. La numérisation peut contribuer à atténuer bon nombre de ces risques, mais fait peser de nouvelles menaces, par exemple les escroqueries sur Internet qui ciblent spécifiquement les personnes âgées. Ces tendances nous invitent à réfléchir au rôle de l'éducation, si souvent confiné à la jeunesse. La reconversion professionnelle, l'apprentissage tout au long de la vie et l'exploitation de l'expertise des travailleurs plus âgés sont des questions essentielles pour l'éducation dans une société vieillissante.

MONDIALISATION | DÉMOCRATIE | SÉCURITÉ | **VIELLISSEMENT** | CULTURES MODERNES

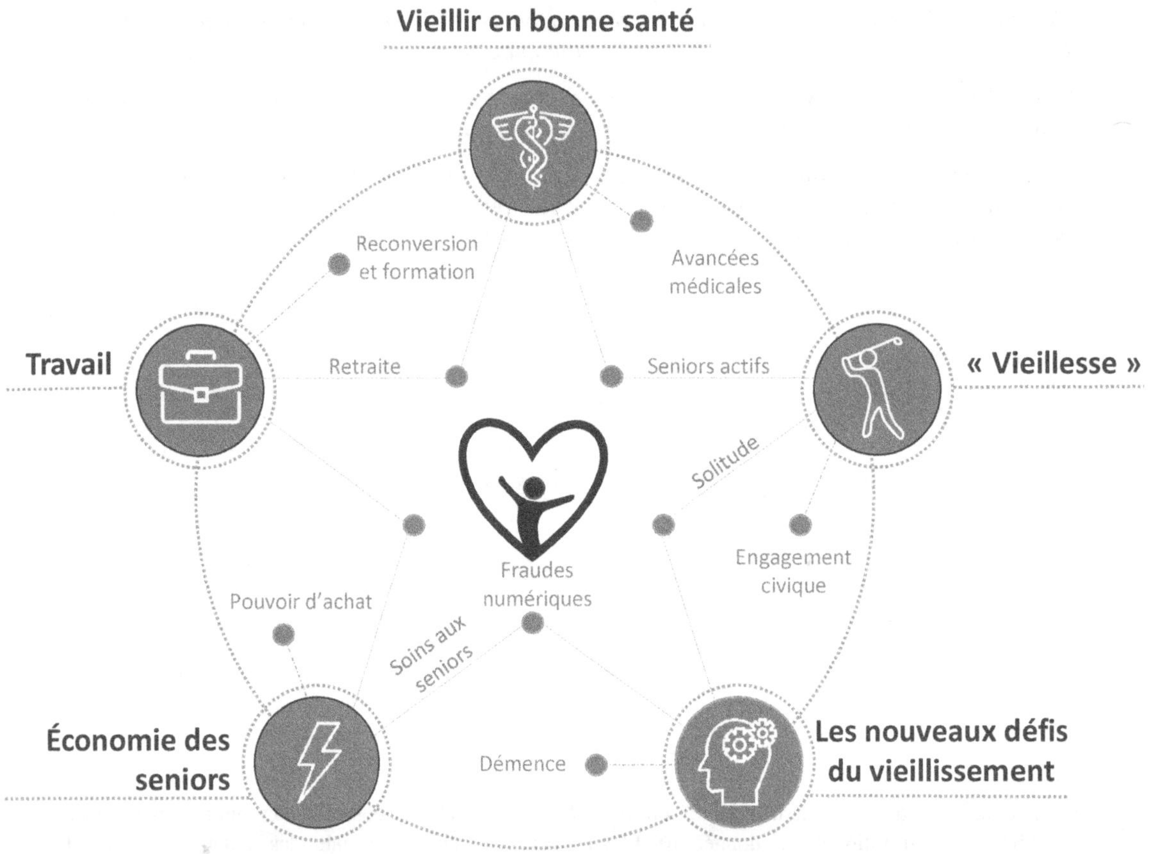

Vieillir en bonne santé

Travail

« Vieillesse »

Économie des seniors

Les nouveaux défis du vieillissement

Reconversion et formation

Avancées médicales

Retraite

Seniors actifs

Solitude

Engagement civique

Fraudes numériques

Pouvoir d'achat

Soins aux seniors

Démence

Faits marquants

La démence en progression

19 millions de personnes atteintes de démence dans les pays de l'OCDE en 2017. Et près de 41 millions d'ici 2050 selon les prévisions.

Des sociétés vieillissantes

Pourcentage de personnes âgées de plus de **65** ans en hausse

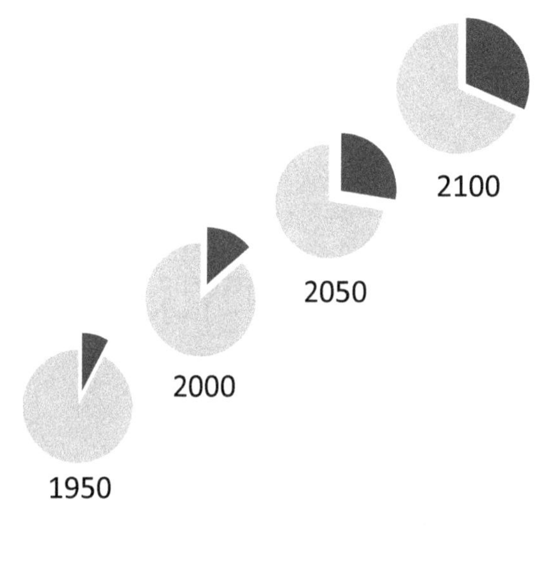

Des seniors internautes

Les 55-74 ans utilisent de plus en plus Internet presque chaque jour.

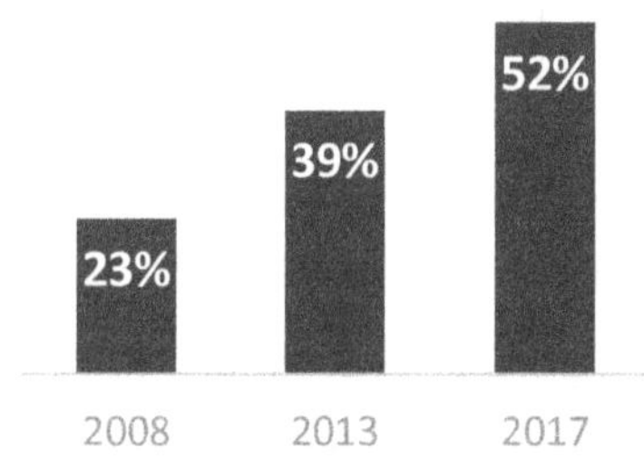

Des retraites plus longues

Le nombre moyen d'années à la retraite est en hausse dans tous les pays de l'OCDE

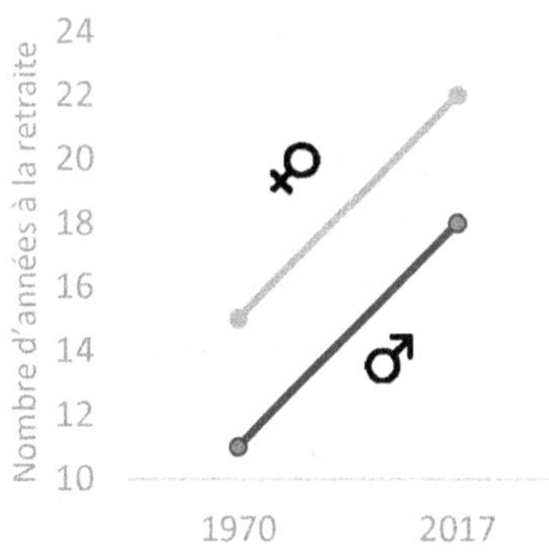

Vivre plus longtemps

Allongement de l'espérance de vie à la naissance, pour l'essentiel en bonne santé, dans tous les pays de l'OCDE

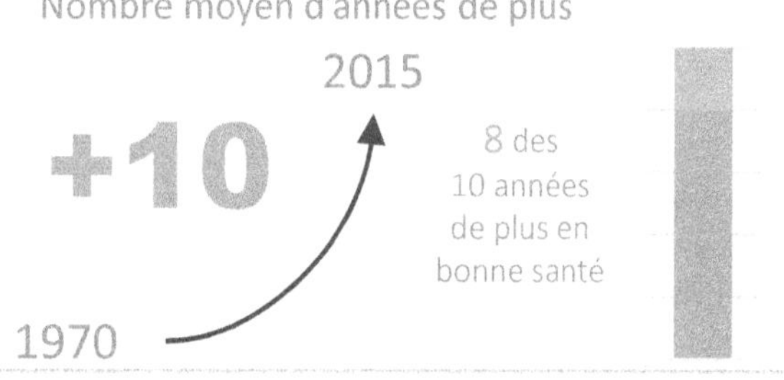

DES SOCIÉTÉS VIEILLISSANTES

Notre population vieillit : les jeunes sont moins nombreux, mais les adultes vivent plus longtemps. L'amélioration de notre santé et de nos modes de vie a entraîné un allongement sensible de l'espérance de vie dans les pays de l'OCDE ces dernières décennies. Point important s'il en est, c'est essentiellement en bonne santé que s'écoulent ces années supplémentaires, ce qui permet une retraite active. Des sociétés vieillissantes ont plusieurs implications potentielles pour l'éducation, notamment concernant l'accès à l'apprentissage tout au long de la vie. La reconversion professionnelle et les formations peuvent aider les individus à adopter des habitudes et des comportements meilleurs pour la santé, ce qui est crucial pour vivre plus longtemps en bonne santé.

Graphique 4.1. Vieillir

Évolution de l'espérance de vie à la naissance, entre 1970 et 2015

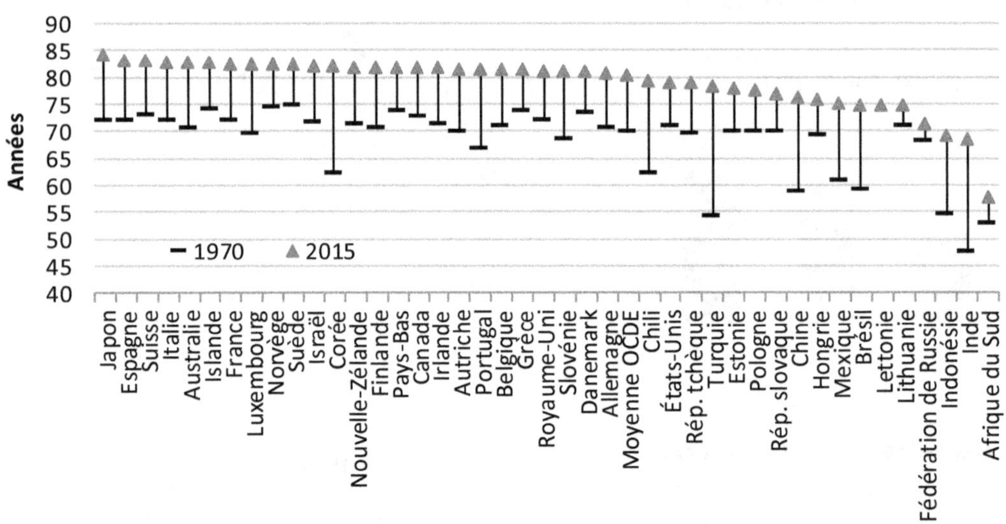

Remarque : les données qui n'étaient pas disponibles certaines années ont été remplacées par les données des années les plus proches (voir StatLink pour des informations complètes).

Source : OCDE (2017), *Panorama de la santé 2017 : Les indicateurs de l'OCDE*, http://dx.doi.org/10.1787/health_glance-2017-fr.

StatLink https://doi.org/10.1787/888933888811

L'espérance de vie à la naissance a augmenté. Elle est passée de 70 à 80 ans en moyenne dans les pays de l'OCDE en 45 ans. Un nouveau-né peut espérer vivre plus de 80 ans dans la plupart des pays de l'OCDE, une espérance de vie qui va même jusqu'à 83 ans en Espagne et en Suisse et jusqu'à 84 ans au Japon. L'espérance de vie a fortement augmenté durant cette période dans de nombreux pays, en particulier en Turquie (24 ans de plus), en Corée (20 ans de plus) et au Chili (17 ans de plus). De meilleurs soins de santé, des modes de vie plus sains, des revenus plus élevés et un meilleur niveau d'instruction comptent parmi les facteurs qui ont contribué à l'allongement de l'espérance de vie.

Vivre plus longtemps est une chose, mais la qualité de vie durant ces années supplémentaires en est une autre. Les nouvelles sont bonnes : 80 % des années supplémentaires d'espérance de vie enregistrées entre 2000 et 2016 s'écoulent en bonne santé, les 20 % restants étant marqués par une santé défaillante à cause de blessures ou de maladies. L'espérance de vie en bonne santé a particulièrement augmenté dans des pays où elle était peu élevée en 2000, comme en Estonie et en Turquie, ainsi qu'en Corée. Par ailleurs, l'espérance de vie en bonne santé a augmenté d'un an environ aux États-Unis, soit un tiers seulement de l'augmentation moyenne dans les pays de l'OCDE.

Graphique 4.2. Qui a dit « vieux » ?

Évolution de l'espérance de vie à la naissance dans les pays de l'OCDE, entre 2000 et 2016

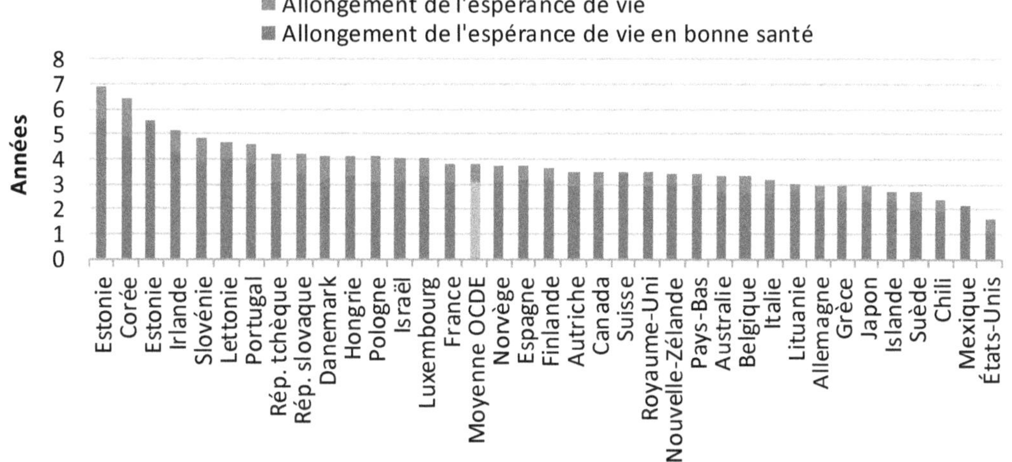

Remarque : les pays sont classés par ordre décroissant de l'allongement de l'espérance de vie.

Source : OMS (2018), *Observatoire de la santé mondiale*, (base de données), www.who.int/gho/fr/.

StatLink https://doi.org/10.1787/888933888830

Quelles conséquences pour l'éducation ?

- Comme les dépenses de santé et de retraite augmentent, les gouvernements pourraient avoir à composer avec des budgets de plus en plus serrés. Des coopérations entre l'éducation et d'autres secteurs sont-elles envisageables pour relever les défis de l'action publique d'une façon transversale ? D'autres acteurs, les citoyens ou les entreprises, devraient-ils contribuer au financement du système de l'éducation ?
- L'école doit préparer les jeunes « pour la vie », mais cette mission n'a rien de commun si l'espérance de vie moyenne varie entre 80 et 90 ans plutôt qu'entre 60 et 70 ans. La longévité impose-t-elle de repenser ce qu'on enseigne aux jeunes ? Qu'en est-il des seniors qui continuent d'apprendre après l'âge de 80 ans ?
- Les personnels de l'éducation vieillissent comme le reste de la population. Comment faire pour attirer et retenir suffisamment d'enseignants et de professeurs ?

LE POINT SUR LA SANTÉ

Malgré un allongement global de l'espérance de vie, vivre vieux et en bonne santé n'est pas donné à tout le monde. Le taux de mortalité imputable à des maladies transmissibles (la varicelle ou la grippe, par exemple) diminue, mais la prévalence de maladies chroniques et dégénératives, comme le diabète et la démence, augmente, en particulier chez les plus âgés. De plus, avec le vieillissement et le rétrécissement des cercles sociaux, le risque d'isolement social augmente, avec à la clé la solitude, la dépression et la diminution de la capacité d'effectuer des tâches de la vie quotidienne. L'éducation peut contribuer à améliorer la capacité des seniors et des personnes qui les aident à faire face à leurs troubles chroniques. Elle peut aussi contribuer à édifier des communautés plus fortes et plus solidaires, capables de mieux relever les défis du grand âge.

Graphique 4.3. La menace de la démence

Nombre de personnes atteintes de démence par 1 000 personnes (tous âges confondus) en 2017 et estimation de la prévalence de la démence en 2037

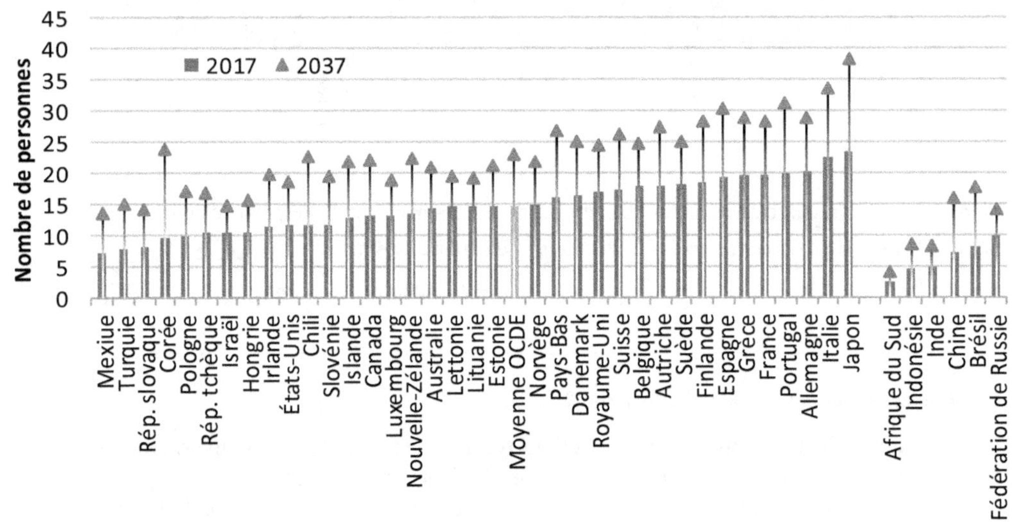

Source : OCDE (2018), *Care Needed: Improving the Lives of People with Dementia*, https://doi.org/10.1787/9789264085107-en.

StatLink https://doi.org/10.1787/888933888849

Quelque 19 millions de personnes, soit 15 personnes sur 1 000 en moyenne dans les pays de l'OCDE, sont atteintes de démence selon les chiffres de 2017. La démence est une maladie dégénérative qui se traduit par une dégradation progressive des fonctions cérébrales. C'est l'une des causes de mortalité dont la croissance est la plus rapide. Sa prévalence augmente fortement avec l'âge : le pourcentage de personnes atteintes de démence représente seulement 2 % chez les 65-69 ans, mais passe la barre des 40 % chez les plus de 90 ans. La démence bouleverse non seulement la vie des personnes qui en sont atteintes, mais également celle de tout leur entourage, proches et aidants. C'est un fardeau de plus en plus lourd pour les systèmes de santé, et sa prévalence devrait progresser dans les prochaines décennies, à mesure que le pourcentage de personnes âgées de plus de 80 ans augmentera.

Le nombre de personnes isolées augmente. Les adultes plus âgés représentent un pourcentage élevé des ménages d'une seule personne dans de nombreux pays de l'OCDE. Cela montre que les personnes âgées parviennent de plus en plus à vivre de façon indépendante jusqu'à un âge avancé, certes, mais vivre seul fait perdre certains avantages qu'il n'est pas toujours facile ou possible de compenser, par exemple sur le plan des finances ou de la compagnie. Sans surprise, la qualité des relations sociales est en forte corrélation avec la perception de la solitude, quel que soit l'âge. L'isolement et la solitude comptent parmi les facteurs qui contribuent à expliquer l'augmentation des taux de dépression, la diminution des niveaux d'activité et de mobilité et l'accroissement du risque de décès. Comme de plus en plus de gens vivent seuls, la prévalence de la solitude pourrait augmenter. Ce constat vaut en particulier pour les personnes âgées, qui voient leurs cercles sociaux se rétrécir et leurs semblables partir les uns après les autres. Les compétences sociales et affectives acquises grâce à l'éducation peuvent aider les individus à établir des relations sociales plus fortes et plus enrichissantes tout au long de leur vie. L'apprentissage tout au long de la vie (suivre des cours en groupe, par exemple) peut aussi offrir aux seniors la possibilité de faire des rencontres.

Graphique 4.4. Vers une épidémie de solitude ?

Évolution du pourcentage de ménages d'une seule personne dans certains pays de l'OCDE, entre 1970, 2000 et 2017

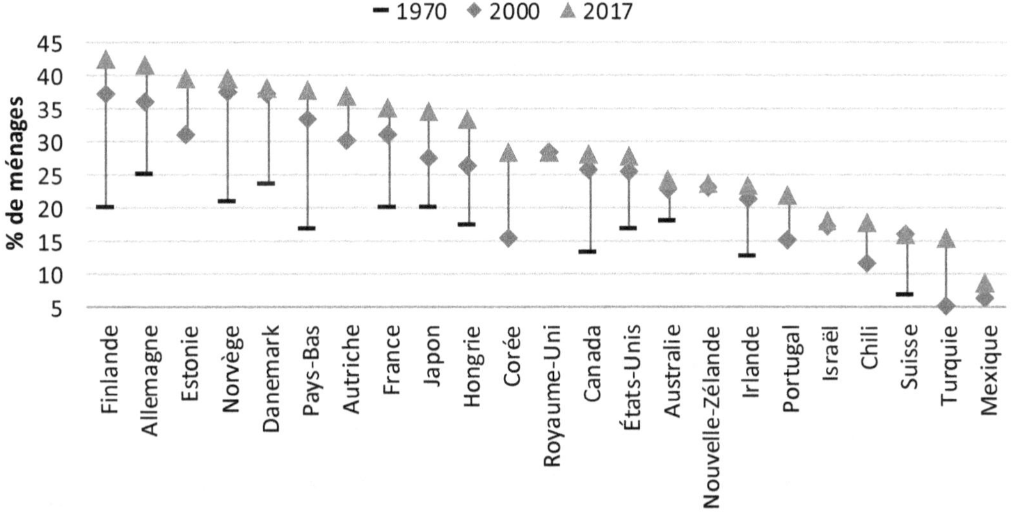

Remarque : les données non disponibles ont été remplacées par les données des années les plus proches (voir StatLink pour des informations complètes). L'OCDE a utilisé les données des offices nationaux de statistique pour créer ce graphique.

StatLink https://doi.org/10.1787/888933888868

Quelles conséquences pour l'éducation ?

- Quel est le rôle de l'éducation formelle et informelle dans la lutte contre la solitude et l'isolement social ? L'école devrait-elle favoriser plus activement les échanges intergénérationnels pour promouvoir la cohésion sociale ?
- De quel type de formation les agents publics et les aidants ont-ils besoin pour améliorer le bien-être des groupes plus âgés de la population ?
- En quoi l'éducation peut-elle contribuer à améliorer le bien-être des adultes plus âgés ? Quel est le meilleur moyen d'amener les plus de 80 ans par exemple à mieux s'y connaître dans les questions de santé ? Qu'en est-il des besoins des membres plus âgés de la société dans le domaine de l'apprentissage et de la culture ?

DES SENIORS ACTIFS

Les seniors en bonne santé restent actifs plus longtemps, mais la plupart d'entre eux passeront près d'une vingtaine d'années à la retraite. Ce constat soulève des questions délicates à propos de la pérennité des régimes de retraite et de la conception de la vie après l'âge de la retraite. Certaines personnes ne veulent ou ne peuvent pas travailler jusqu'à l'âge légal du départ à la retraite, tandis que d'autres utilisent leurs réseaux professionnels et travaillent alors qu'elles ont largement dépassé les 70 ou les 80 ans. Dans ce contexte, les pays de l'OCDE ont commencé à instaurer des régimes de retraite où la ligne de démarcation entre le travail et la retraite est de plus en plus floue. Comment aider les individus à adapter leurs compétences pendant une carrière professionnelle aussi longue ? Les systèmes d'éducation et de formation peuvent-ils contribuer à lutter contre les stéréotypes stigmatisant les « vieux » dans et en dehors du monde du travail ?

Graphique 4.5. L'heure de la retraite ?

Évolution du nombre moyen d'années à la retraite dans les pays de l'OCDE, entre 1970 et 2016

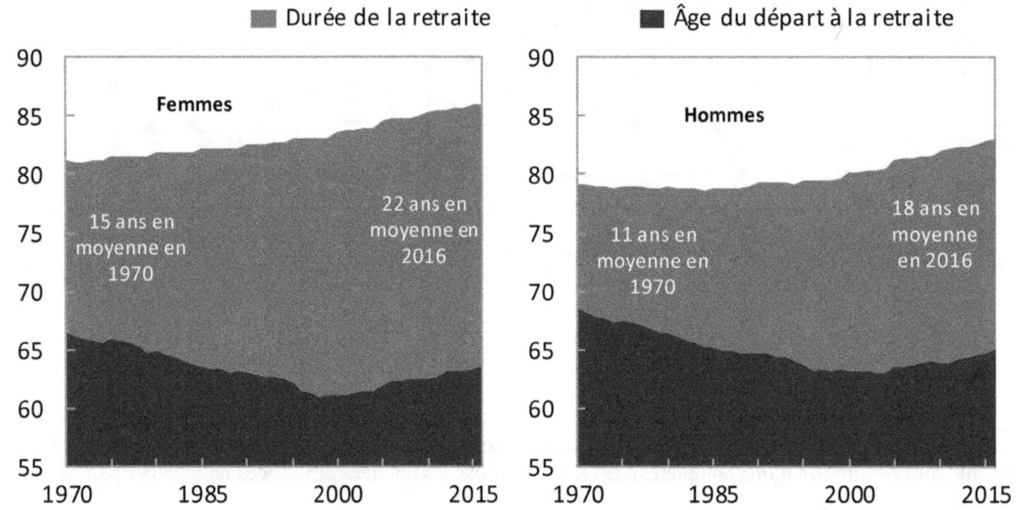

Source : OCDE (2017), *Panorama des pensions 2017 : Les indicateurs de l'OCDE et du G20*, https://doi.org/10.1787/pension_glance-2017-fr.

StatLink https://doi.org/10.1787/888933888887

L'âge du départ à la retraite n'a guère varié dans les pays de l'OCDE depuis 1970, certes, mais l'allongement de l'espérance de vie est allé de pair avec l'allongement de la durée de la retraite, de 13 ans en moyenne (tant pour les hommes que pour les femmes) en 1970 à 20 ans en 2015. Ce phénomène menace la durabilité financière des régimes de retraite et a entraîné l'adoption de politiques qui ont mis fin à la retraite anticipée et ont relevé l'âge du départ à la retraite. De plus, de nombreux pays ont instauré des régimes flexibles ou partiels de retraite et des mécanismes d'ajustement automatique compte tenu de l'allongement de l'espérance de vie. Ces dispositifs doivent permettre aux plus âgés de rester actifs grâce à une réduction de leur temps de travail et compenser leur perte de revenus par des avantages ou une pension de retraite partielle.

Dans ces circonstances, les gens travaillent effectivement jusqu'à un âge plus avancé. L'âge réel de départ à la retraite est passé de 62 à 64 ans en moyenne dans les pays de l'OCDE entre 2006 et 2016. Dans le même temps, le taux d'emploi des seniors a augmenté, passant de 53 % à 59 % chez les 55-64 ans et de 20 % à près de 26 % chez les 65-69 ans. Le taux d'emploi a même augmenté de 3 % chez les plus âgés (les 70-74 ans). Les carrières professionnelles linéaires et les distinctions claires entre le travail et la retraite sont peut-être à reléguer dans le passé, et pas uniquement pour les citoyens plus âgés. Les systèmes d'éducation et de formation doivent s'adapter à ces nouveaux modes de vie en constante évolution.

Graphique 4.6. Travailler plus longtemps

Évolution du taux d'emploi des travailleurs plus âgés (les 50-74 ans), entre 2006 et 2016

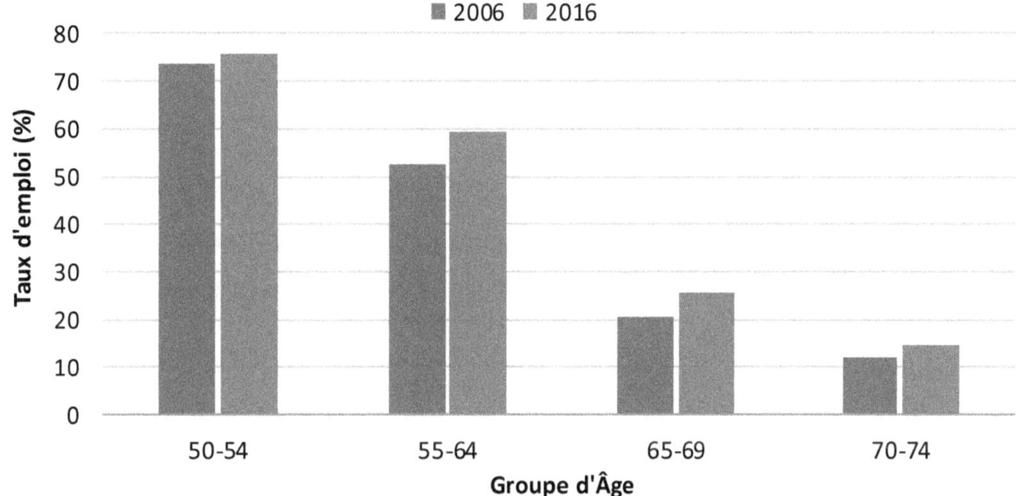

Source : OCDE (2016), « OECD Older Worker Scoreboard 2016 », www.oecd.org/els/emp/older-workers-scoreboard-2016.xlsx.

StatLink https://doi.org/10.1787/888933888906

Quelles conséquences pour l'éducation ?

- L'apprentissage tout au long de la vie est de plus en plus nécessaire sous l'effet de l'allongement des carrières professionnelles et de l'évolution rapide des compétences demandées sur le marché du travail. Faut-il envisager de rendre obligatoire une certaine forme d'apprentissage tout au long de la vie ? L'apprentissage tout au long de la vie doit-il être élevé au rang de droit ?
- L'expérience et le savoir-faire sont-ils toujours l'apanage de l'âge ? Quel est le meilleur moyen d'organiser les relations entre enseignants débutants et chevronnés au service de l'innovation et de l'amélioration, en particulier dans le secteur de la technologie en constante évolution ?
- Quel est le rôle de la technologie dans l'élévation du niveau de compétence et de formation des jeunes et des adultes (la microcertification, par exemple) ? Quelles sont les implications des nouvelles formes d'enseignement numérique en termes d'assurance qualité ?

L'ÉCONOMIE DES SENIORS

*Les seniors travaillent et vivent plus longtemps, ce qui crée de nouveaux débouchés sur le marché des biens et services spécifiques à ce groupe. Les solutions numériques de santé mobile (*mHealth*), les nouveaux services et l'innovation dans la mobilité à l'intérieur et à l'extérieur du logement n'en sont que quelques exemples. De plus, le vieillissement en bonne santé ouvre la voie à une nouvelle phase de vie faite d'exploration, et d'engagement civique, social et culturel. Les seniors sont dans l'ensemble plus aisés, et les marchés du tourisme, du divertissement, de l'éducation et des produits et services culturels pour seniors actifs montent en puissance. Quelles sont les compétences requises sur ces nouveaux marchés ? Comment les établissements d'enseignement peuvent-ils mieux répondre aux besoins éducatifs de ce groupe de population ?*

Graphique 4.7. Aux sociétés vieillissantes, des marchés du vieillissement ?

Évolution moyenne du pourcentage de personnes âgées de 65 ans et plus dans la population dans les pays de l'OCDE, entre 1990 et 2100

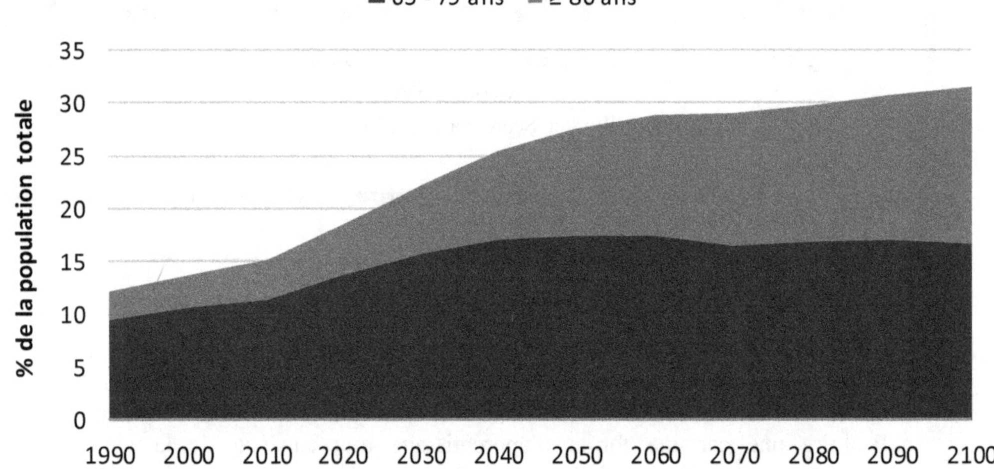

Remarque : les données de 2015 à 2100 sont dérivées de projections (intervalle médian).

Source : ONU (2018), *World Population Prospects: The 2017 revision* (base de données), https://esa.un.org/unpd/wpp/.

StatLink https://doi.org/10.1787/888933888925

Dans les pays de l'OCDE, les personnes âgées de 65 ans et plus représenteront près de 20 % de la population en 2020, soit 10 points de pourcentage de plus qu'il y a 50 ans, en 1970. Ce pourcentage devrait augmenter pour atteindre 30 % d'ici 2070, selon les estimations des Nations Unies. Sous l'effet de l'allongement de l'espérance de vie en bonne santé, bon nombre de ces seniors auront 80 ans et plus. Cette tendance ne se limite pas aux pays de l'OCDE. Alors que les 80 ans et plus représentaient 3 % environ de la population mondiale en 1990, ils en représentent près de 5 % aujourd'hui et en représenteront 15 % au début du XXIIe siècle.

Les seniors ne sont pas seulement plus nombreux, ils sont aussi relativement plus aisés qu'auparavant. Au cours des 30 dernières années, les 60-64 ans ont dans l'ensemble vu leurs revenus augmenter d'environ 13 % de plus que les 30-34 ans. Ce pourcentage varie toutefois entre les pays : les hausses les plus fortes ont été enregistrées au Danemark, en Espagne et en France, mais la tendance inverse a été observée en Australie.

L'économie des seniors renvoie à l'essor des marchés grâce à une classe de seniors plus autonomes et en meilleure santé, qui ont des préférences d'achat et des besoins distincts de ceux de leurs cadets. En dépit de cette tendance, on ne peut oublier que les seniors les plus fragiles comptent parmi les groupes les plus exposés au risque de pauvreté et ont, de ce fait, besoin d'une attention particulière. Les systèmes d'éducation et de formation doivent bien réfléchir aux connaissances et compétences dont les individus ont besoin pour profiter des occasions que ces évolutions créent.

Graphique 4.8. Le pouvoir d'achat des seniors

Évolution des revenus relatifs des 60-64 ans *vs* des 30-34 ans entre le milieu des années 1980 et le milieu des années 2010

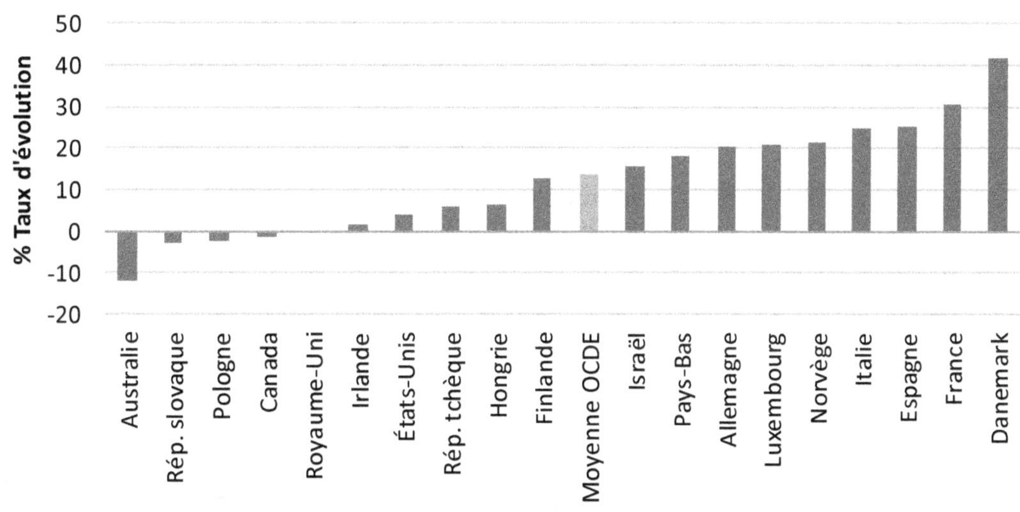

Remarque : la moyenne de l'OCDE est calculée sur la base de 19 pays (voir StatLink pour des informations complètes).

Source : OCDE (2017), *Preventing Ageing Unequally*, https://doi.org/10.1787/9789264279087-en.

StatLink https://doi.org/10.1787/888933888944

Quelles conséquences pour l'éducation ?

- L'économie des seniors requiert une main-d'œuvre à l'écoute de leurs besoins. La demande de compétences promet-elle d'évoluer fortement avec la montée en puissance des marchés relevant de l'économie des seniors ? Quelles en seraient les implications pour l'offre d'enseignement ?
- Des seniors plus actifs pourraient faire évoluer l'offre de formation et de reconversion. Quelles en seraient les implications pour l'éducation formelle et informelle ? Pour le marché du travail ? Plus de stages pour seniors par exemple?
- Comment nos sociétés peuvent-elles s'y prendre pour mieux répondre aux besoins croissants de tous les groupes d'âge en matière d'apprentissage ? Les établissements d'enseignement existants doivent-ils changer radicalement de vocation ? Faut-il revoir les méthodes d'enseignement et d'apprentissage ? Repenser les infrastructures ?

L'ÈRE NUMÉRIQUE

Nous utilisons Internet de nombreuses façons différentes au quotidien, que ce soit pour faire du shopping, rester en contact avec nos proches et nos amis, gérer le budget du ménage ou encore prendre en meilleure connaissance de cause des décisions relatives à notre santé. La participation de la population à la culture numérique augmente, quel que soit notre âge, ce qui apaise les inquiétudes à propos des plus âgés et de leur exclusion à cause de leur timidité numérique. Faire des achats en ligne expose toutefois à des risques, et les seniors sont les plus vulnérables. Par quel moyen l'éducation peut-elle aider les adultes plus âgés à profiter des avantages de la numérisation, tout en réduisant les risques qui y sont associés ? Et comment mieux préparer les individus de tout âge à garder le rythme rapide du progrès technologique ?

Graphique 4.9. L'ère du numérique

Évolution moyenne des différences d'utilisation d'Internet entre les groupes d'âge (au cours des trois mois précédant l'enquête) dans les pays de l'OCDE, entre 2008, 2013 et 2017

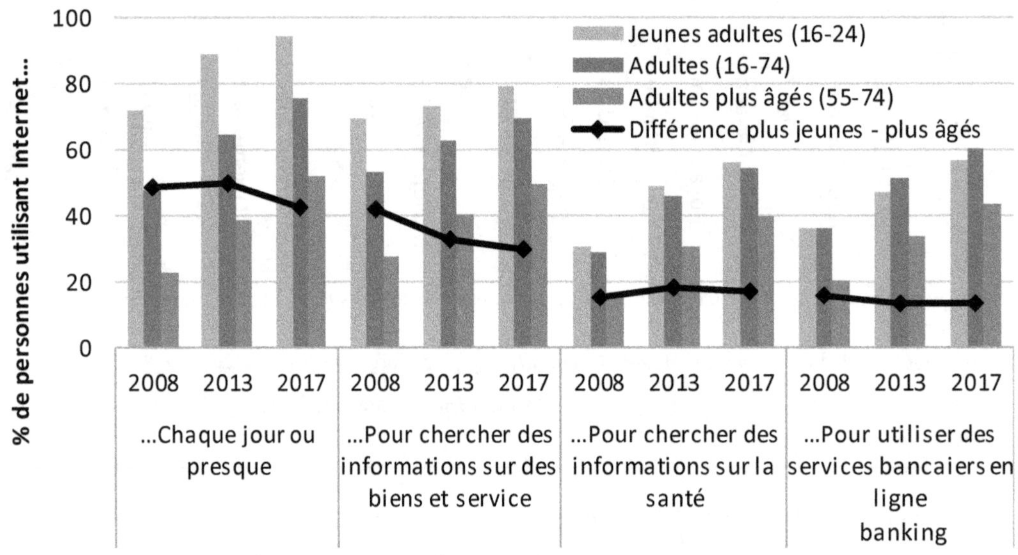

Remarque : la moyenne de l'OCDE est calculée sur la base de 26 pays (voir StatLink pour des informations complètes).

Source : OCDE (2018), *Accès aux TIC et utilisation des TIC chez les individus et les ménages* (base de données), https://stats.oecd.org.

StatLink https://doi.org/10.1787/888933888963

Trois internautes sur quatre (entre l'âge de 16 et 74 ans) utilisent Internet chaque jour ou presque selon les chiffres de 2017. Ils surfent sur Internet pour diverses raisons : garder le contact avec des amis, suivre l'actualité sur les réseaux sociaux, rechercher des informations et accéder à un éventail de services en ligne, notamment les services bancaires. Les jeunes adultes sont généralement plus enclins à surfer sur Internet que leurs aînés, mais les différences entre les groupes d'âge sont moindres aujourd'hui qu'il y a dix ans. Chez les 55-74 ans, ceux qui utilisent Internet chaque jour ou presque sont deux fois plus nombreux en 2017 qu'en 2008, et la différence entre ce groupe d'âge et les plus jeunes (les 16-24 ans) a diminué de 7 points de pourcentage.

La numérisation offre des possibilités, mais crée également des menaces. Les escroqueries en ligne, par exemple l'usurpation d'identité, les faux recouvrements de créance et les offres financières mensongères en échange de coordonnées bancaires, sont très préoccupantes. Le nombre et la nature de ces escroqueries en ligne ne cessent d'évoluer. Tout le monde y est vulnérable, mais les citoyens plus âgés le sont plus encore, car ils ne se fient pas toujours autant que leurs cadets à leurs compétences numériques. En 2001, les plus de 60 ans représentaient moins de 6 % des personnes ayant adressé une plainte à l'Internet Crime Center du FBI ; ils en représentaient près de 20 % en 2017. Aider les membres les plus âgés de la société à détecter les arnaques et à s'en protéger est particulièrement important vu l'évolution rapide et constante de la technologie. Prudence et vigilance de tous les instants s'imposent à tout âge. Il importe aussi de prendre le temps de s'éduquer soi-même et d'éduquer les autres. Il est également important de signaler tous les actes de malveillance aux autorités compétentes afin de permettre à celles-ci de recenser ces actes, de suivre l'évolution de leur nombre et d'analyser leur scénario pour lutter efficacement contre la cybercriminalité.

Graphique 4.10. La criminalité en ligne

Évolution du nombre de plaintes pour escroquerie sur Internet (à droite) et du pourcentage de plaintes par groupe d'âge (à gauche), entre 2001 et 2017

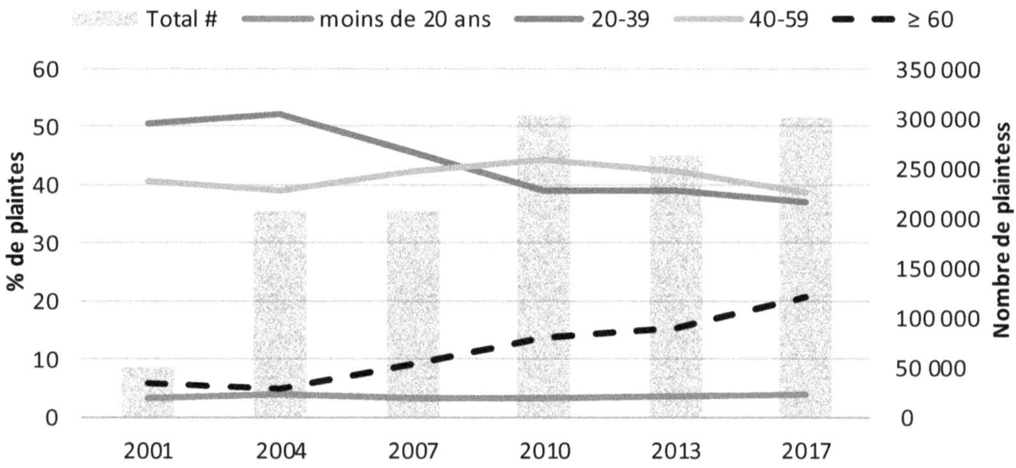

Remarque : les données sur les plaintes sont dérivées des chiffres des États-Unis, mais les faits peuvent avoir été commis au départ de n'importe quel pays.

Source : IC3 (2017), « Internet Crime Report », *Series 2001-2017*, www.ic3.gov/media/annualreports.aspx.

StatLink https://doi.org/10.1787/888933888982

Quelles conséquences pour l'éducation ?

- Par quel moyen l'éducation formelle et informelle peut-elle contribuer à combler les différences entre les groupes d'âge concernant l'utilisation d'Internet et les compétences et les attitudes à l'égard des TICs ? L'apprentissage intergénérationnel a-t-il un rôle à jouer dans ce domaine ?
- Les prestataires de services de la filière professionnelle d'enseignement et de formation et de l'éducation pour adultes préparent une grande partie de la main-d'œuvre d'aujourd'hui et de demain. Utilisent-ils des technologies de pointe ? Sinon, comment y remédier ?
- Vu la rapidité de l'évolution technologique, c'est souvent par les acteurs privés que vient la protection la plus efficace contre les risques cybernétiques. Les systèmes d'éducation peuvent-ils travailler en partenariat avec ces acteurs d'une façon mutuellement bénéfique ?

LES SOCIÉTÉS VIEILLISSANTES ET L'ÉDUCATION : EN AVANT, TOUTE !

Quelles sont les interactions entre les tendances en matière de vieillissement et l'éducation ? En quoi l'éducation affecte-t-elle ces tendances ? Quelques réponses sont évidentes et portent sur le court terme, par exemple l'impact de la démence et la nécessité d'approfondir les recherches sur les maladies cérébrales. D'autres réponses portent sur un plus long terme, par exemple l'allongement de l'espérance de vie à la naissance et de la retraite.

Lier éducation et vieillissement

Apprentissage tout au long de la vie

- Renforcer les initiatives publiques et privées visant à former les individus et à les amener à acquérir de nouvelles compétences durant toute leur carrière professionnelle
- Faire en sorte que tous les groupes d'âge puissent apprendre et aient accès à des cours qui couvrent leurs besoins et leur permettent d'acquérir des compétences en matière de santé, de finances et d'informatique
- Promouvoir le développement professionnel des enseignants et des chefs d'établissement, au travers de la formation continue et de l'apprentissage mutuel (évaluation par les pairs, réseaux professionnels, etc.)

Bien-être social et affectif

- Enseigner et apprendre les compétences socio-affectives à tout âge
- Inclure dans la formation initiale et continue des enseignants des modules sur le bien-être global des enfants et des adultes
- Lutter contre la solitude et l'isolement et s'attaquer à la discrimination et les stéréotypes liés à l'âge

Santé physique et modes de vie

- S'attaquer à l'obésité, au tabagisme, au manque de sommeil et à d'autres problèmes de santé publique grâce à une collaboration entre les établissements d'enseignement et de soins de santé à l'échelle locale
- Proposer des programmes de formation dans le domaine de la prise en charge des personnes âgées fragiles et dans d'autres activités en pleine croissance
- Soutenir l'excellence dans la recherche médicale et scientifique

Apprentissage et contacts intergénérationnels

- Etablir des partenariats avec des acteurs locaux pour amener des élèves de tout âge à faire du bénévolat pour répondre aux besoins de la collectivité
- Faire en sorte de partager la sagesse des aînés grâce à des partenariats formels ou dans des cadres informels (inviter des grands-parents à l'école, par exemple)
- Soutenir l'adoption de cadres novateurs d'apprentissage à l'école et dans la collectivité, par exemple les cours particuliers, le mentorat, etc., pour amener les personnes âgées à acquérir des compétences en informatique et à améliorer leur résilience

Réflexion : se préparer à l'incertitude

Les projets ont beau être les mieux ficelés, l'avenir est imprévisible en soi. Cette section explore quelques exemples d'incertitude qui entoure les tendances abordées dans ce chapitre.

CHOCS ET SURPRISES — Supercentenaires ?

- Dans les prochaines années, une série de grandes avancées médicales pourraient entraîner un allongement de l'espérance de vie bien plus important que celui auquel nous avons assisté ces derniers temps, avec à la clé un nombre sans précédent de personnes soufflant leurs 110 bougies, les supercentenaires.
- *L'éducation est-elle prête à un tel bouleversement démographique, à savoir, l'arrivée massive d'élèves de tout âge ? Que veut dire l'apprentissage tout au long de la vie à 110 ans ?*

CONTRADICTIONS — Plus d'âge pour mourir ?

- Nous sommes de plus en plus susceptibles de vivre très longtemps. La fragilité induite par le vieillissement peut toutefois nous enlever la capacité de vivre bien. Il n'y a pas de consensus sur la question de savoir s'il est biologiquement et moralement souhaitable de nous garder en vie en cas de diminution de la qualité de la vie et jusqu'à quel âge. Ces dilemmes pourraient, s'ils prennent de l'ampleur, ouvrir la voie à des avancées politiques, par exemple l'amélioration de l'accès à l'euthanasie.
- *L'école peut-elle être le cadre où tenir ces débats éthiques avant que les préoccupations qui les sous-tendent n'envahissent la société ?*

DISCONTINUITÉS — Le vieillissement, un pari cognitif gagnant ?

- De nombreux chercheurs et professionnels de la santé concentrent leurs travaux sur des traitements de la démence et de problèmes cognitifs liés au vieillissement. S'ils font des découvertes plus probantes que prévu, dans quelle mesure leurs traitements réussiront-ils à améliorer les capacités mentales des seniors ? Ces avancées pourraient-elles se combiner à l'expérience de l'âge pour faire de nous des êtres surhumains ou du moins améliorer grandement nos aptitudes tout au long de la vie ?
- *Comment l'apprentissage tout au long de la vie pourrait-il aider les prochaines générations de seniors très actifs à relever les défis et à saisir les occasions que recèle un monde en mutation rapide ?*

COMPLEXITÉ — Les amis, la nouvelle famille ?

- De plus en plus de gens vivent en ville, où le prix du logement augmente rapidement. De plus, le mariage n'a plus la cote. La cohabitation, relativement courante chez les jeunes, pourrait-elle s'étendre à tous les groupes de la population ? Est-ce une parade à la solitude ?
- *Par quel moyen l'éducation pourrait-elle soutenir un tel changement et aider les individus de tout âge à en tirer le meilleur parti ? Quel impact cela aurait-il sur la prise en charge des enfants ? Par exemple, sur le choix des personnes autorisées à aller les chercher à l'école et à prendre des décisions importantes les concernant ?*

POUR EN SAVOIR PLUS

Sources d'information pertinentes

- Eurofound (2016), « L'allongement de la vie active grâce aux régimes de retraite flexibles : la retraite partielle », Office des publications de l'Union européenne, Luxembourg, https://publications.europa.eu/.
- Internet Crime Complaint Center (IC3) (2017), « Internet crime report », series 2001-2017, États-Unis, www.ic3.gov/media/annualreports.aspx.
- OCDE (2015), *Addressing Dementia: The OECD Response*, Études de l'OCDE sur les politiques de santé, Éditions OCDE, Paris, http://dx.doi.org/10.1787/9789264231726-en.
- OCDE (2016), « OECD Older Worker Scoreboard 2016 », www.oecd.org/els/emp/older-workers-scoreboard-2016.xlsx.
- OCDE (2017), *Panorama de la santé 2017 : Les indicateurs de l'OCDE*, Éditions OCDE, Paris, http://dx.doi.org/10.1787/health_glance-2017-fr.
- OCDE (2017), *Preventing Ageing Unequally*, Éditions OCDE, Paris, https://doi.org/10.1787/9789264279087-en.
- OCDE (2018), *Accès aux TIC et utilisation des TIC chez les individus et les ménages* (base de données), https://stats.oecd.org (indicateur consulté le 25 avril 2018).
- OCDE (2018), *Care Needed: Improving the Lives of People with Dementia*, Études de l'OCDE sur les politiques de santé, Éditions OCDE, Paris, https://doi.org/10.1787/9789264085107-en.
- OCDE (2018), *Panorama des pensions 2017 : Les indicateurs de l'OCDE et du G20*, Éditions OCDE, Paris, http://dx.doi.org/10.1787/pension_glance-2017-fr.
- OIT (2018), *Perspectives pour l'emploi et le social dans le monde – Tendances2018*, Organisation internationale du Travail, Genève, www.ilo.org/global/research/global-reports/weso/2018/lang--fr/index.htm.
- OMS (2015), *Rapport mondial sur le vieillissement et la santé*, Organisation mondiale de la Santé, Genève, www.who.int/.
- OMS (2018), *Observatoire de la santé mondiale* (base de données), Organisation mondiale de la Santé, Genève, www.who.int/gho/fr/ (base de données consultée le 11 septembre 2018).
- ONU (2018), *World Population Prospects: The 2017 revision* (base de données), Département des affaires économiques et sociales, Division de la population, Organisation des Nations Unies, https://esa.un.org/unpd/wpp/ (base de données consultée le 15 octobre 2018).
- Varnai P., *et al.* (2018), « The Silver Economy », Commission européenne, Technopolis and Oxford Economics, Office des publications de l'Union européenne, Luxembourg, https://publications.europa.eu/.

Glossaire

- **Démence** : groupe de symptômes réduisant la capacité des personnes d'effectuer des activités de la vie quotidienne, dont un amoindrissement de la capacité de réflexion, de la mémoire et de la motivation, des troubles du langage ainsi que des problèmes affectifs.

- **Dépression** : maladie affectant la façon dont les personnes se sentent, pensent et agissent, dont les symptômes sont notamment la tristesse, le désintérêt pour des activités, la variation de l'appétit, des changements dans les cycles de sommeil et une fatigue accrue.
- **Diabète** : maladie liée à un problème d'insuline, une hormone indispensable pour diffuser le glucose (sucre) dans le corps. Dans le diabète de type 1, le pancréas ne produit pas d'insuline, alors que dans le diabète de type 2, l'insuline produite est insuffisante ou ne peut être utilisée par les cellules, un phénomène aussi appelé « insulinorésistance ».
- **Espérance de vie à la naissance** : estimation du nombre moyen d'années de vie des nouveau-nés à taux de mortalité constant à l'avenir.
- **Espérance de vie corrigée en fonction de la santé** : nombre d'années vécues en bonne santé, compte tenu du nombre d'années vécues en moins bonne santé à cause de blessures ou de maladies.
- **Maladies transmissibles** : maladies transmissibles d'une personne à l'autre, soit directement, au contact d'une personne atteinte, soit indirectement, par l'air, l'eau, le sang ou une piqûre d'insecte.
- **Ménage** : personne ou groupes de personnes vivant en permanence sous le même toit la plus grande partie de la semaine et ayant un budget commun pour l'alimentation. Les ménages ne sont pas nécessairement constitués des membres de la même famille.
- **Retraite flexible ou partielle** : fait de percevoir une pension de retraite (à taux plein ou non) tout en continuant à travailler contre rémunération, souvent à temps partiel.
- **Santé mobile (mHealth)** : utilisation d'appareils mobiles ou sans fil pour améliorer la santé, les services de santé et la recherche médicale.
- **Troubles dégénératifs** : troubles liés à l'altération des cellules entraînant une dégénérescence progressive.
- **Usurpation d'identité** : utilisation délibérée du nom et de l'identité d'une autre personne, généralement à des fins financières (achat de biens et services au nom de cette personne ou obtention d'avantages ou de privilèges qui lui sont réservés).

Chapitre 5. Les cultures modernes

Notre monde moderne évolue : les emplois, les familles, les rôles dévolus aux deux sexes et les attentes de la vie changent. Ce chapitre analyse cette thématique sous cinq angles :

***L'économie connectée** : analyse de l'importance économique croissante des communications numériques mobiles associée à la montée en puissance du travail indépendant utilisant les plateformes numériques en ligne.*

***La problématique hommes-femmes dans le monde du travail** : analyse de la situation des hommes et des femmes, en particulier les écarts de salaire entre les sexes et les politiques de congé parental flexible.*

***L'évolution de la famille** : analyse de l'évolution du concept de la famille au XXIe siècle, avec les exemples des naissances hors mariage et de l'interdiction des châtiments corporels.*

***Quand le virtuel devient réel** : analyse de la façon dont la numérisation crée des vies virtuelles et les rend réelles et fait dès lors évoluer l'accès aux biens et services et les droits de propriété les concernant.*

***Consommation éthique** : analyse du rôle important de nos comportements d'achat dans les progrès sur la voie de la durabilité, illustrée par l'exemple des véhicules électriques et de la consommation de viande.*

Des liens sont ensuite établis entre les tendances décrites dans ce chapitre et l'éducation. Ce chapitre porte sur l'ensemble de l'éducation, de l'éducation de la petite enfance à l'apprentissage tout au long de la vie. En conclusion, ce chapitre montre qu'utiliser différents scénarios de ce que l'avenir nous réserve peut nous aider à mieux nous préparer à l'inconnu.

Les données statistiques concernant Israël sont fournies par et sous la responsabilité des autorités israéliennes compétentes. L'utilisation de ces données par l'OCDE est sans préjudice du statut des hauteurs du Golan, de Jérusalem-Est et des colonies de peuplement israéliennes en Cisjordanie aux termes du droit international.

CULTURES MODERNES : VUE D'ENSEMBLE

Nous semblons vivre dans un monde plus individualiste, où le sentiment d'appartenir à une communauté, à une religion, à une profession ou autre groupe traditionnel perd de sa force. Parallèlement, la notion de « société en réseau » donne à penser que ce sentiment d'appartenance évolue, mais ne disparaît pas. Ce chapitre analyse l'évolution du travail à l'ère numérique et l'émergence de la gig economy *et en examine les implications sur la consommation et la propriété. Il étudie l'évolution de la famille et des rôles dévolus aux deux sexes, notamment la diminution du nombre de familles traditionnelles et la parentalité plus active des pères. L'éducation joue un rôle crucial : amener les générations suivantes à acquérir les connaissances, les compétences et les sentiments qui leur permettront de grandir, de façonner la société et de préserver leurs moyens d'existence.*

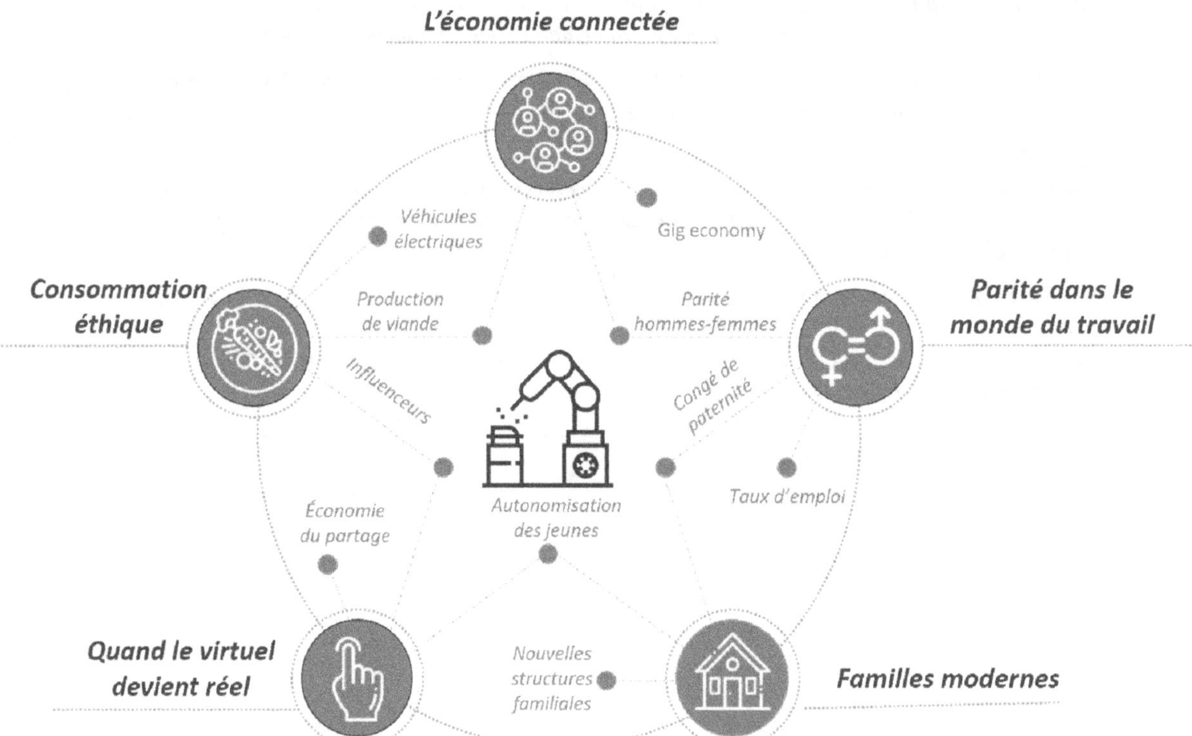

Faits marquants

Quand le virtuel devient réel

Nombre de nuitées en forte hausse sur Airbnb

Travail flexible

Utilisation des plateformes pour indépendants en forte hausse, avec à la clé de la flexibilité, mais souvent aussi de l'insécurité

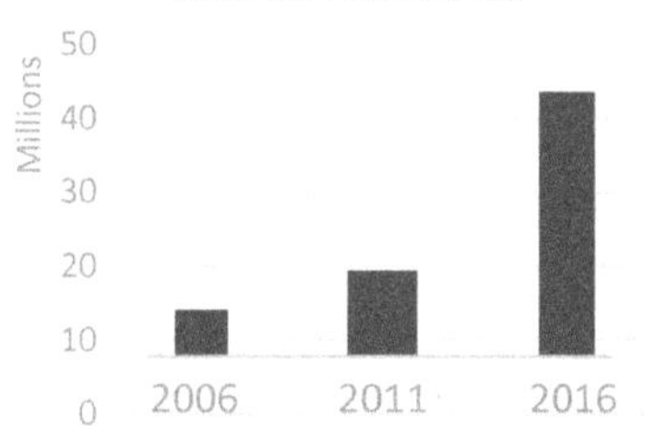

Les familles modernes

40 %

des enfants nés hors mariage en 2016 dans les pays de l'OCDE, contre un peu plus de 7 % en 1970

La mobilité verte

Essor des transports non polluants dans le monde

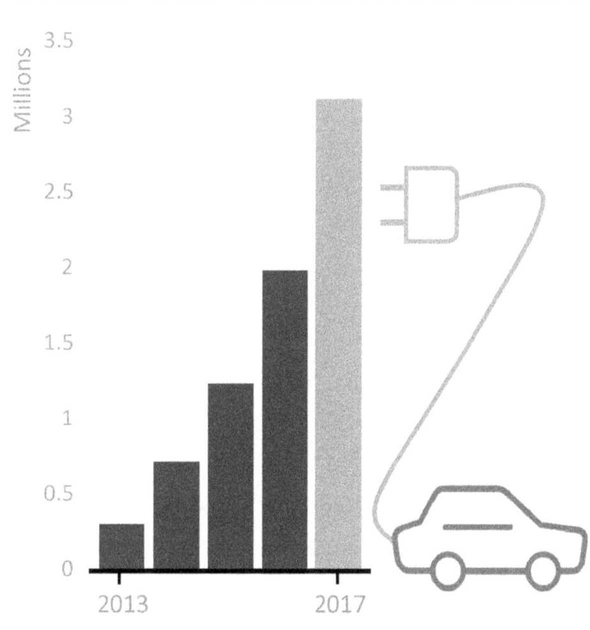

Des pères plus actifs

Des congés de paternité payés dans 75 % des pays de l'OCDE en 2016, contre 10 % seulement en 1975

L'ÉCONOMIE CONNECTÉE

L'accès à Internet est quasi universel dans la plupart des pays de l'OCDE, et l'économie numérique est devenue un marché énorme, qui représente un pourcentage important de l'emploi et de la croissance. Internet a transformé les marchés, car il permet aux acheteurs et aux vendeurs et aux travailleurs et aux employeurs d'échanger plus facilement. Nos sociétés en pleine mutation créent de toutes nouvelles formes de travail, avec la gestion des médias sociaux et l'architecture à réalité augmentée ; mais l'automatisation voue des postes à la disparition. L'éducation joue un rôle crucial dans l'acquisition des compétences requises à l'avenir. Elle doit aussi amener les élèves à se doter de la flexibilité et de l'adaptabilité dont ils auront besoin pour évoluer professionnellement dans un monde en constante mutation.

Graphique 5.1. Accès... à l'accès

Évolution moyenne du nombre d'abonnements au haut débit pour mobiles pour 100 habitants dans les pays de l'OCDE, entre 2009 et 2017

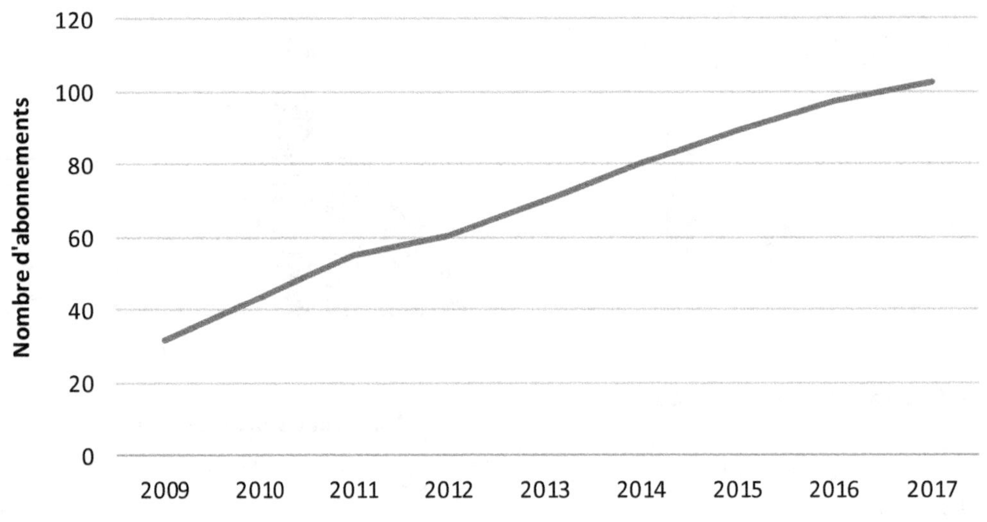

Source : OCDE (2018), « Abonnements au haut débit mobile » (indicateur) (https://doi.org/10.1787/1277ddc6-en).

StatLink https://doi.org/10.1787/888933889001

Les smartphones et les tablettes investissent de plus en plus notre quotidien. Ces dernières années, le nombre d'abonnements de téléphonie mobile à haut débit ou à large bande a augmenté dans les pays de l'OCDE. Un cap a été franchi à la fin de l'année 2017 : le nombre d'abonnements a dépassé le nombre d'habitants. Les chiffres les plus élevés s'observent dans des pays comme la Finlande et le Japon, où l'on compte plus de 150 abonnements par centaine d'habitants. Les chiffres sont en baisse dans plusieurs pays depuis quelques années, et restent inférieurs à la moyenne dans d'autres : on compte par exemple 70 abonnements environ par centaine d'habitants en Israël et en Turquie selon les chiffres arrêtés à la fin de l'année 2017.

Le travail indépendant n'a rien de neuf : par le passé, nombreux étaient ceux qui travaillaient comme « journaliers », payés à la journée, sans garantie de travailler le lendemain. Ce qui est neuf, c'est la prévalence en hausse du travail au forfait, à la pige dans la presse, l'informatique, la programmation, la conception de sites web et la traduction. Dans nos économies de plus en plus en basées sur le savoir, les entreprises ont besoin de cette expertise très spécialisée – mais souvent dans un projet donné et pour une période spécifique, par exemple la conception d'une application pour mobiles. Neuf aussi, ce rôle croissant des technologies de la communication dans l'économie collaborative, qui relie demandeurs de biens et services et prestataires indépendants. Les plateformes en ligne tels que Freelancer et Upwork affichent ensemble plus de 49 millions d'utilisateurs dans le monde entier (une portée quelque peu limitée par les barrières de la langue, des devises, des juridictions, etc.). Chaque année, ces plateformes facilitent des milliards de dollars d'échanges. L'économie connectée a changé la façon dont nous travaillons et même dont nous vivons. L'éducation doit se préparer à suivre ce changement. Les élèves vont devoir acquérir les compétences requises dans les nouveaux emplois et demandées sur les marchés du travail. De plus, ils vont devoir affronter une plus grande incertitude et la précarité accrue de l'économie collaborative.

Graphique 5.2. Se libérer du travail ?

Évolution du nombre d'utilisateurs de Freelancer et d'Upwork, entre 2005 et 2016

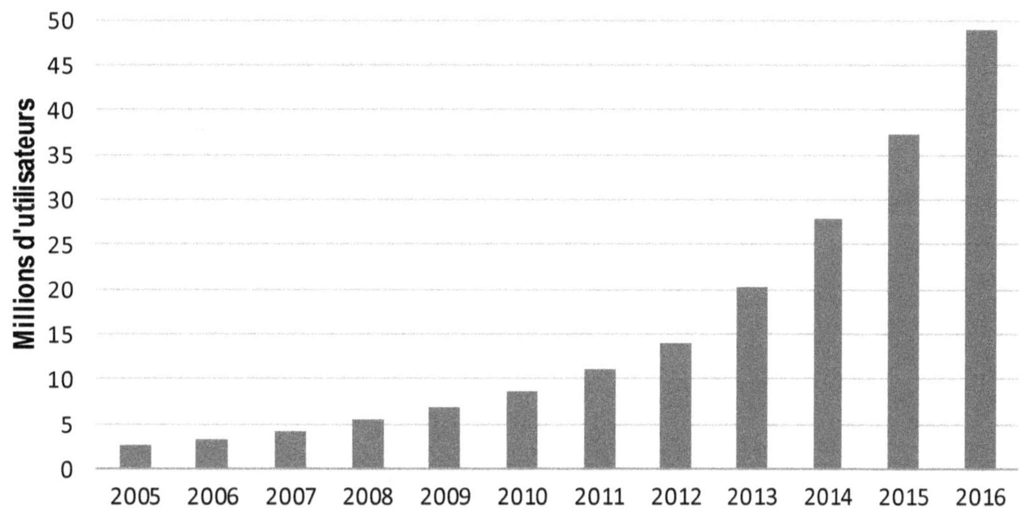

Remarque : le graphique inclut les chiffres extrapolés d'Upwork à partir des taux de croissance annuelle les plus récents. Le nombre d'utilisateurs enregistrés combine ce nombre pour les deux plateformes.
Source : OCDE (2017), *Perspectives de l'emploi 2017*, https://doi.org/10.1787/empl_outlook-2017-fr.

StatLink https://doi.org/10.1787/888933889020

Quelles conséquences pour l'éducation ?

- Comment l'éducation peut-elle remédier à la fracture numérique (liée à la fois à l'accès aux nouvelles technologies et aux compétences requises pour bien les utiliser) pour aider le plus grand nombre à tirer parti de l'économie numérique ?
- Quelles conséquences pour l'apprentissage sur le tas et la formation continue si un nombre croissant de travailleurs n'ont pas d'employeur fixe susceptible de financer ces formes d'apprentissage ?
- La numérisation fait évoluer la façon dont les gens collaborent et communiquent et réduit, voir supprime les contacts directs. Quelles en sont les conséquences pour le monde du travail ? Quelles en sont les implications pour les systèmes d'éducation et de formation ?

LA PROBLÉMATIQUE HOMMES-FEMMES DANS LE MONDE DU TRAVAIL

Les femmes sont de plus en plus nombreuses à travailler, grâce en partie aux campagnes « À travail égal, salaire égal » menées depuis quelques décennies. Dans les années 1970 et 1980, de nombreux pays de l'OCDE ont interdit la discrimination fondée sur le sexe dans le monde du travail. Ils n'en sont pas restés là : l'Islande a par exemple été le premier pays à légiférer pour imposer aux entreprises employant plus de 25 personnes à prouver, par une certification, qu'elles observaient le principe de l'égalité salariale à travail égal. Les différences de domaine d'études et de niveau de formation entre les sexes apparaissent à un âge précoce et peuvent se traduire par des différences de perspectives professionnelles entre les hommes et les femmes. Prévenir la discrimination et garantir l'égalité des chances est donc essentiel bien avant le terme de la scolarité obligatoire.

Graphique 5.3. Combler l'écart

Évolution moyenne de l'écart salarial non corrigé entre les hommes et les femmes, en pourcentage du salaire médian des hommes, dans les pays de l'OCDE, entre 1995 et 2016

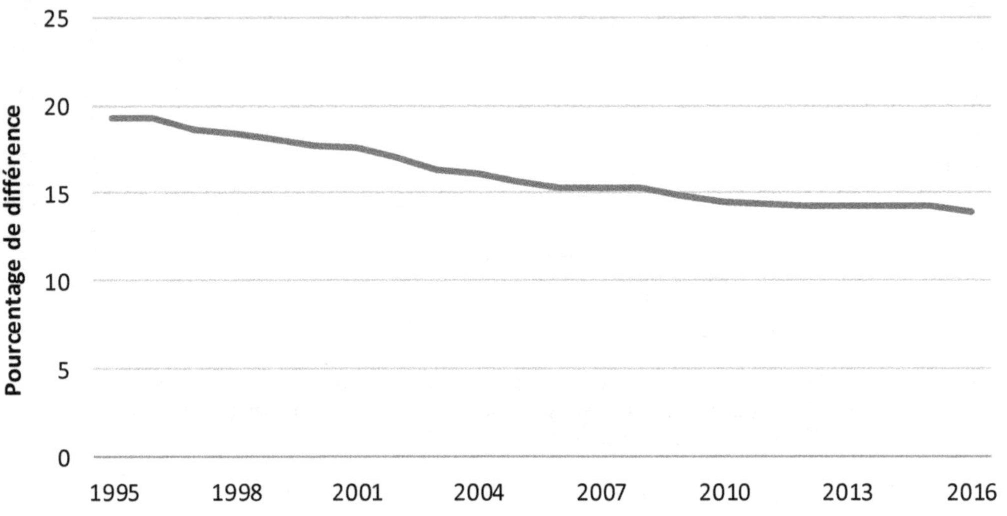

Remarque : les données se rapportent aux salariés et indépendants travaillant à temps plein.

Source : OCDE (2018), « Écart salarial femmes-hommes » (indicateur), Portail de l'égalité femmes-hommes de l'OCDE, www.oecd.org/gender/data/.

StatLink https://doi.org/10.1787/888933889039

L'écart salarial entre les femmes et les hommes se comble depuis des décennies dans les pays de l'OCDE, mais à un rythme moyen assez lent ces dernières années. L'écart salarial s'est fortement atténué dans certains pays, par exemple au Royaume-Uni, où il est passé de près de 50 % dans les années 1970 à moins de 20 % aujourd'hui – ce qui reste toutefois supérieur à la moyenne de l'OCDE (14 %). La Corée est le pays de l'OCDE où l'écart est le plus important selon les chiffres de 2017 (35 %), mais où il continue de se combler. Il reste dans tous les pays du chemin à parcourir, non seulement sur le front de l'égalité salariale, mais également dans le monde du travail. Dans la plupart des pays de l'OCDE, les femmes sont plus susceptibles que les hommes de travailler à temps partiel et d'exercer des professions moins prestigieuses. Les femmes sont moins nombreuses aux postes d'encadrement et de direction, même si la situation évolue.

L'une des raisons qui expliquent les parcours professionnels différents entre les hommes et les femmes réside dans le fait que les femmes ont tendance à s'éloigner du monde du travail lorsqu'elles ont des enfants, ce qui peut ralentir l'élargissement de leur réseau, et est considéré comme une pause qui empêche les femmes de se tenir au courant des derniers développements, une obligation pour rester efficace. Le fait qu'un nombre croissant d'hommes prennent un congé de paternité change la donne. C'est non seulement bénéfique pour les enfants, mais aussi pour les mères qui peuvent reprendre le travail. En 1975, seuls trois pays de l'OCDE (la Belgique, l'Espagne et le Luxembourg) accordaient des congés de paternité. Un nombre croissant de pays de l'OCDE leur ont emboîté le pas depuis lors : ils sont 27 au total selon les chiffres de 2016.

Graphique 5.4. Partage du temps

Évolution du nombre de pays de l'OCDE accordant des congés de paternité rémunérés, entre 1975 et 2016

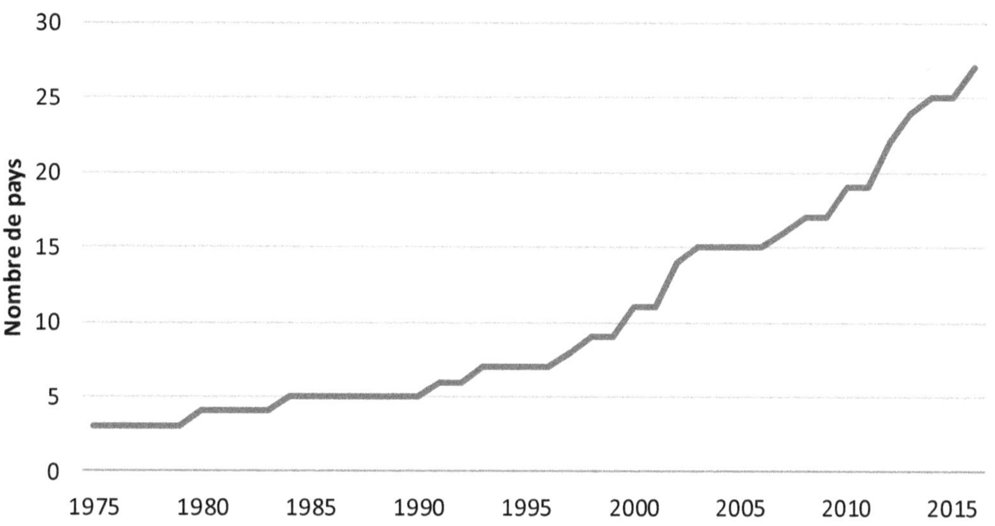

Source : OCDE (2018), « Durée du congé payé réservé aux pères » (indicateur), Portail de l'égalité femmes-hommes de l'OCDE, www.oecd.org/gender/data/.

StatLink https://doi.org/10.1787/888933889058

Quelles conséquences pour l'éducation ?

- Les initiatives telles que l'instauration du congé de paternité et de l'égalité salariale obligatoire n'entraînent pas nécessairement de changement dans les traditions, qui veulent que les pères passent plus de temps à travailler et les mères, plus de temps à élever les enfants. Quel rôle l'éducation peut-elle jouer ?
- La demande de services extrascolaires de garde d'enfants a augmenté sous l'effet de la hausse du taux d'emploi des femmes. Comment adapter le jardin d'enfants et l'école en conséquence ?
- Le nombre d'enfants inscrits dans les structures d'accueil et d'éducation de la petite enfance devrait continuer à augmenter. Quelle en est la conséquence pour leur capacité d'accueil ? Comment les gouvernements peuvent-ils garantir la qualité des services et le respect de normes strictes ?

DES FAMILLES EN MUTATION

Les familles changent à bien des égards, signe de l'évolution de notre économie, de notre société et de nos valeurs. Comme les normes sociales ont évolué dans de nombreux pays, ce qui a entraîné un assouplissement des lois et des attitudes concernant le divorce, le modèle prédominant de la famille nucléaire (un couple hétérosexuel marié vivant avec ses enfants biologiques) a changé. Il existe désormais de nombreux autres types de famille : les familles monoparentales ; les familles où plusieurs générations vivent sous le même toit, les familles dont les parents vivent en union libre ou sont remariés ; les familles recomposées, avec demi-sœurs et demi-frères ; les familles homosexuelles et les familles interraciales sont autant de modèles courants dans notre culture. L'éducation joue un rôle important : elle soutient les familles traditionnelles et modernes et garantit que les besoins de tous sont satisfaits en matière d'apprentissage.

Graphique 5.5. Hors mariage, mais pas hors normes

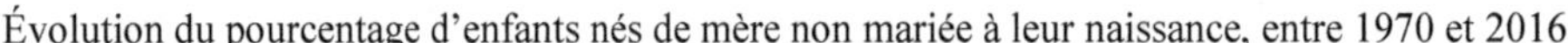

Évolution du pourcentage d'enfants nés de mère non mariée à leur naissance, entre 1970 et 2016

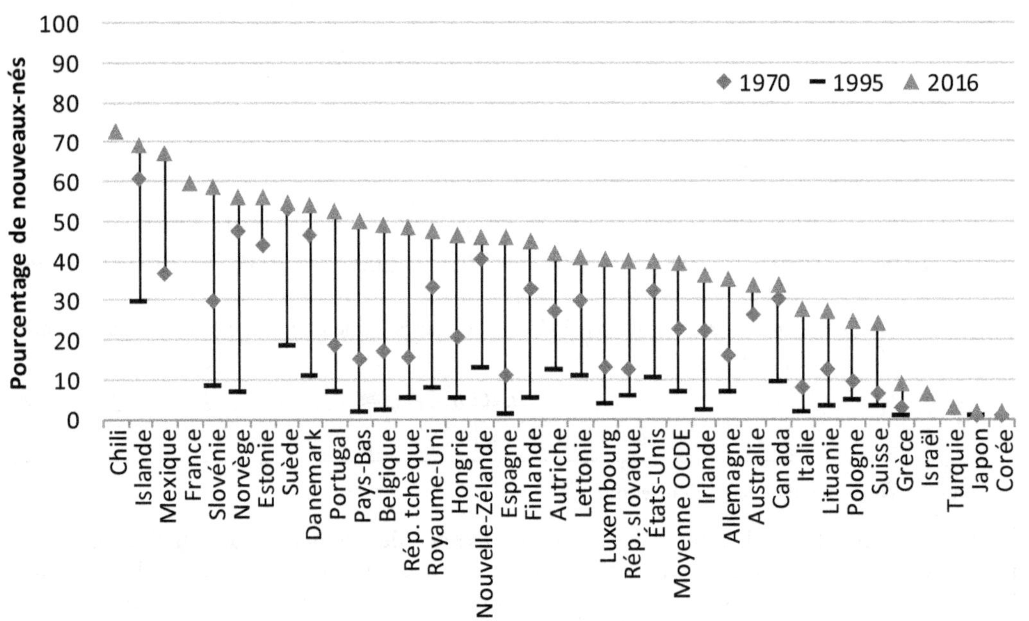

Remarque : les données qui n'étaient pas disponibles certaines années ont été remplacées par les données des années les plus proches.

Source : OCDE (2018), « Proportion de naissances hors mariage » (indicateur), *Base de données de l'OCDE sur la famille*, https://stats.oecd.org/.

StatLink https://doi.org/10.1787/888933889077

Dans la plupart des pays du monde, les enfants naissaient traditionnellement d'une femme mariée au moment de la naissance. L'institution du mariage n'est toutefois plus ce qu'elle était : le nombre de mariages diminue, le nombre de divorces augmente, et de nombreux couples optent désormais pour l'union civile plutôt que pour le mariage. Au milieu des années 1990, le pourcentage d'enfants nés hors mariage atteignait près de 25 % dans les pays de l'OCDE et même

50 % environ dans des pays nordiques tels que le Danemark, l'Islande, la Norvège et la Suède. Selon les chiffres de 2016, 40 % des enfants sont nés hors mariage en moyenne dans les pays de l'OCDE ; ce pourcentage passe même la barre des 70 % au Chili et en Islande. Les enfants nés hors mariage ne sont plus aussi tabous que par le passé, car les types de familles ont évolué.

On n'élève plus non plus les enfants comme par le passé. De nombreuses sociétés voyaient d'un bon œil les châtiments corporels (le fait de donner la fessée aux enfants désobéissants), mais les choses changent. Comme la législation consacre le droit des enfants à la dignité et à l'égalité de traitement et leur protection contre la violence, de plus en plus de pays réglementent les châtiments corporels. En 1979, la Suède a été le premier pays du monde à interdire de donner la fessée aux enfants dans tous les cadres. De nombreux pays ont suivi son exemple : ils sont désormais 54 à interdire d'infliger des châtiments corporels aux enfants.

Graphique 5.6. La protection de l'enfance

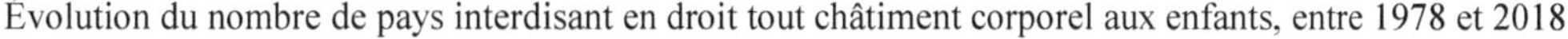
Évolution du nombre de pays interdisant en droit tout châtiment corporel aux enfants, entre 1978 et 2018

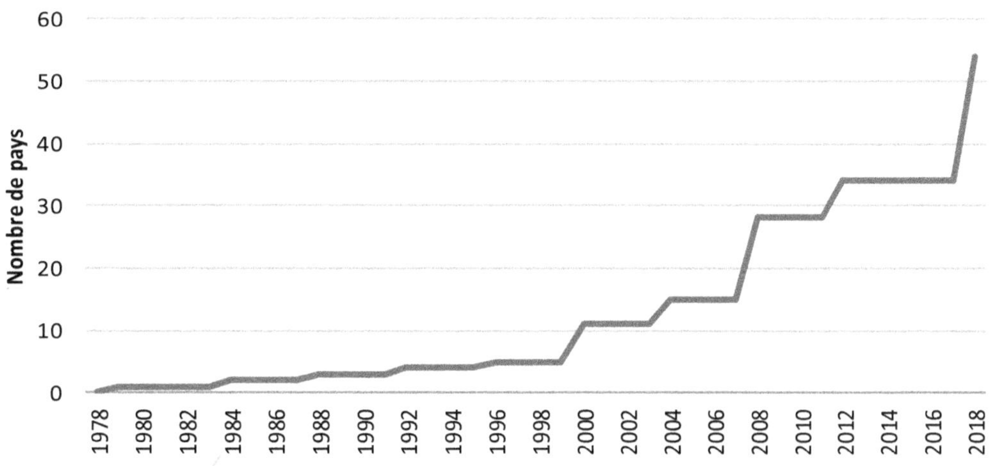

Remarque : les pays concernés sont ceux qui ont interdit en droit les châtiments corporels dans tous les cadres, y compris le cadre familial.

Source : Initiative mondiale pour l'élimination de tous les châtiments corporels infligés aux enfants (2018), « Working towards universal prohibition of corporal punishment, https://endcorporalpunishment.org/.

StatLink https://doi.org/10.1787/888933889096

Quelles conséquences pour l'éducation ?

- La famille évolue, mais pas le besoin de stabilité et de certitude des enfants. Comment l'école peut-elle donner un sentiment de sécurité aux enfants, même quand les arrangements familiaux changent, par exemple en cas de divorce, de remariage, de décès, etc. ?
- Un débat épineux s'ouvre sur les droits et devoirs des parents et de l'école. Quel est le rôle des professionnels de l'éducation, qui font partie d'un système conçu pour protéger les enfants de la violence et de la maltraitance ? Notre système a-t-il pour obligation de signaler les faits présumés de violence physique, affective ou sexuelle ? Est-ce souhaitable ?
- L'éducation repose sur les bonnes relations entre parents et enseignants pour être efficace. La diversité des structures familiales affecte-t-elle la nature de ces relations ? Et dans l'affirmative, en quoi l'affecte-t-elle ?

QUAND LE VIRTUEL DEVIENT RÉEL

Internet fait désormais partie intégrante de notre vie. De nombreuses activités courantes qui nécessitaient des contacts physiques ou des interactions sociales ont maintenant lieu en ligne, par exemple prendre des nouvelles de ses proches ou consulter un médecin. Mais le numérique n'est pas un monde virtuel. Il fait de plus en plus partie de notre monde « réel ». Que ce soit pour un emploi, une chambre pour la nuit ou l'amour de notre vie, l'activité en ligne a souvent des résultats concrets. Cela n'est pas sans conséquence pour l'éducation, qui doit tirer parti des outils et des atouts des nouvelles technologies tout en tenant compte des dérives auxquelles elles peuvent donner lieu, par exemple le cyberharcèlement, la violation de la vie privée et le trafic de marchandises.

Graphique 5.7. Autocommunication de masse et expression créative

Évolution du pourcentage d'internautes ayant mis en ligne des contenus propres sur des plateformes d'échange (au cours des trois mois précédant l'enquête), entre 2008 et 2017

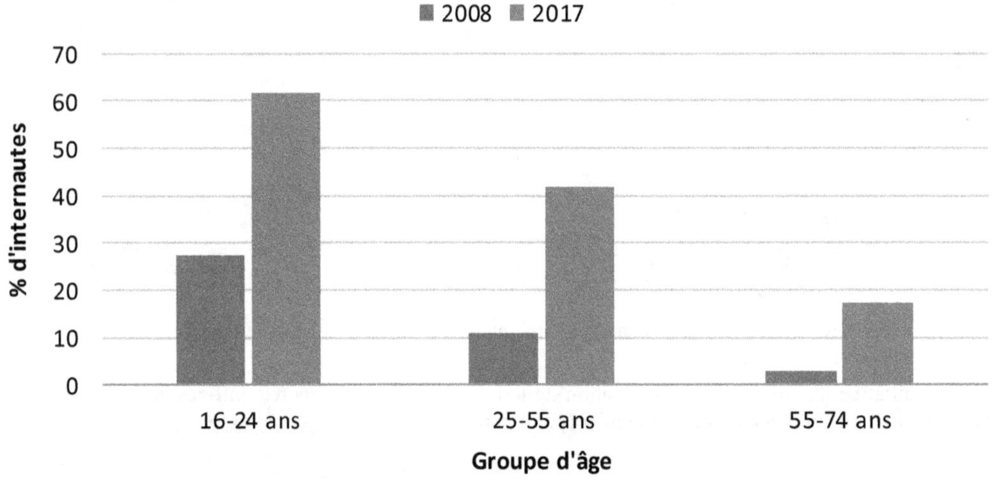

Remarque : la moyenne de l'OCDE est calculée sur la base de 26 pays (voir StatLink pour des informations complètes).

Source : OCDE (2018), *Accès aux TIC et utilisation des TIC chez les individus et les ménages* (base de données), https://stats.oecd.org/.

StatLink https://doi.org/10.1787/888933889115

Les réseaux sociaux sont des espaces individuels et collectifs d'expression et de créativité. Ils nous permettent de communiquer avec le monde et d'entretenir de nombreuses identités et relations sociales. Les gens partagent de plus en plus leurs contenus sur des plateformes et des réseaux tels que YouTube, Twitter et Instagram et organisent leur autocommercialisation ou s'érigent en vedette éphémère (les « influenceurs » et autres « YouTubers »). L'évolution culturelle associée à la numérisation est particulièrement importante pour les enfants, les adolescents et les jeunes adultes, qui utilisent plus souvent les nouveaux services en ligne. L'éducation peut amener les élèves à utiliser les TIC de façon positive et à acquérir de très bonnes compétences numériques, surtout ceux dont les parents ne sont pas au fait des nouvelles technologies.

Les plateformes en ligne transforment nos sociétés et la façon dont nous appelons un taxi, nous faisons livrer un plat ou réservons une chambre. Elles nous aident à exploiter des choses qui ne nous servaient plus, une pièce inoccupée par exemple, même si l'essor des meublés de tourisme fait craindre l'exode des résidents locaux à cause de l'envolée de prix et des pressions sur les infrastructures et les services locaux. Airbnb a franchi le cap des 250 000 nuitées en 2010, après un an et demi environ de présence sur le marché. En 2016, la plateforme comptait plus de 50 millions d'utilisateurs dans le monde. L'essor des intermédiaires de ce type nous invite à réfléchir à la question de savoir s'il est possible de recourir à leurs services dans l'éducation, par exemple dans l'apprentissage virtuel *peer-to-peer*.

Graphique 5.8. Connexion, réservation, paiement

Évolution du nombre d'hôtes et de nuitées Airbnb aux États-Unis et sur de grands marchés européens, entre 2010 et 2016

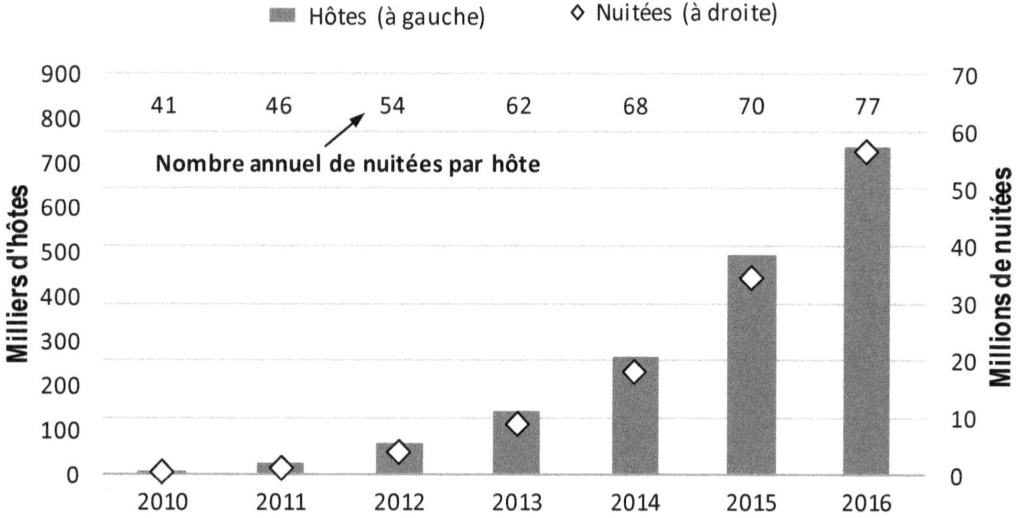

Remarque : les marchés européens concernés sont l'Allemagne, l'Espagne, l'Italie et le Royaume-Uni. Par hôtes, on entend les personnes qui proposent un logement en location.

Source : OCDE (2017), *Perspectives de l'économie numérique de l'OCDE 2017*, Éditions OCDE, Paris, https://doi.org/10.1787/9789264282483-fr.

StatLink https://doi.org/10.1787/888933889134

Quelles conséquences pour l'éducation ?

- Comment l'éducation peut-elle amener tous les élèves à acquérir les compétences requises pour créer et produire des contenus, pour les aider à s'exprimer, à apprendre et à se sentir bien ?
- Y a-t-il un marché *peer-to-peer* de l'éducation et de la formation (un Airbnb de l'éducation), auquel que nous devrions nous préparer dès aujourd'hui ?
- L'école a-t-elle les partenaires dont elle a besoin (les informaticiens, les chefs d'entreprises, etc.) pour aider les élèves à acquérir les compétences requises pour évoluer sur les marchés dynamiques en ligne ?

CONSOMMATION ÉTHIQUE

Plus la population mondiale augmente, plus son impact sur l'environnement est grand. Nous pouvons atténuer, voire éliminer certains effets néfastes, comme l'a démontré la réussite des campagnes visant à interdire les substances chimiques à l'origine du trou dans la couche d'ozone. Nombreux sont ceux qui font des choix qui contribuent à atténuer les effets environnementaux ou sociaux, par exemple qui choisissent un véhicule électrique pour réduire leurs émissions ou des produits relevant du commerce équitable. Toutefois, d'autres comportements, par exemple l'augmentation de la consommation de viande, met notre environnement à rude épreuve. L'éducation peut aider à sensibiliser les élèves et les amener à acquérir les connaissances requises pour faire des choix durables ; et aider les individus à prendre des mesures en cas de dégradation environnementale ou d'exploitation sociale.

Graphique 5.9. L'écomobilité

Évolution du nombre de véhicules électriques en circulation dans le monde, entre 2013 et 2017

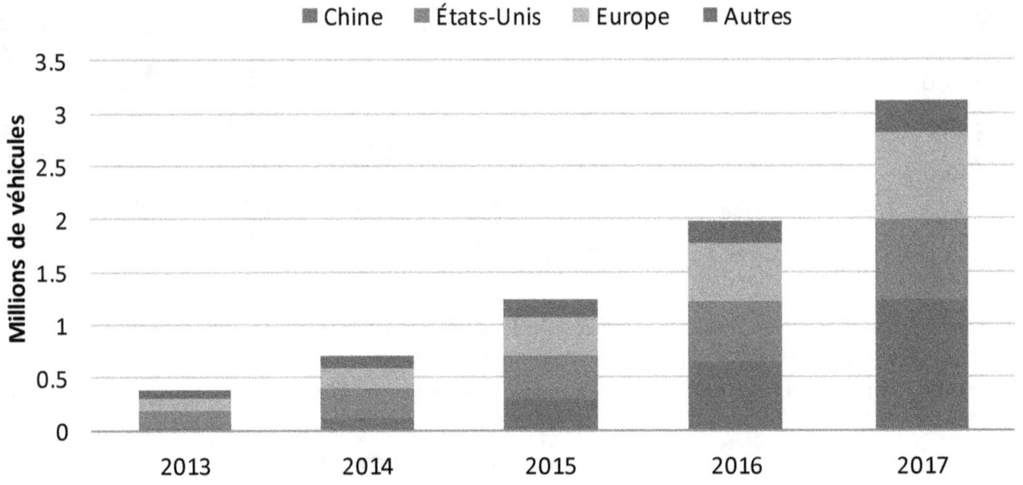

Source : IEA (2018), *Global Electric Vehicle Outlook 2018*, www.iea.org/gevo2018/.

StatLink https://doi.org/10.1787/888933889153

Le transport a un impact considérable sur l'environnement. La plupart des trajets impliquent la combustion de combustibles fossiles (en particulier dans les transports aériens). Même les véhicules électriques peuvent avoir un impact, puisque l'électricité peut être produite à partir de gaz ou de charbon. Les véhicules électriques peuvent toutefois être mus par des sources d'énergie plus propres, telles que l'énergie solaire ou éolienne. Et contrairement aux véhicules conventionnels, les véhicules électriques ne produisent pas d'émission où ils sont utilisés, de sorte qu'ils ne contribuent pas directement à polluer l'air des villes. Les ventes de véhicules électriques sont en hausse : il y a plus de 3 millions de véhicules électriques en circulation dans le monde selon les chiffres arrêtés en 2017, la palme revenant à la Chine, suivie de l'Europe et des États-Unis. Les véhicules électriques en autopartage sont de plus en plus populaires, car les villes en proie aux embouteillages cherchent des moyens novateurs de réduire les émissions et la pollution atmosphérique.

À l'autre extrême, de nombreux secteurs d'activité gourmands en ressources naturelles, telles que l'eau et la terre, sont en croissance. Comme la production de viande. La consommation annuelle de viande n'a guère évolué aux États-Unis et dans l'Union européenne depuis l'an 2000, mais a fortement augmenté pendant de nombreuses années et devrait continuer à augmenter jusqu'en 2026 au moins selon les prévisions. La hausse de la consommation est largement imputable à des économies émergentes, en particulier le Brésil, la Chine, la Russie et le Viêt-Nam. Toutefois, en termes de volume, les États-Unis sont les plus gros consommateurs de viande et devraient rester aux premières places du classement, la Chine n'arrivant en tête qu'en 2026 selon les prévisions. La popularité des régimes végétarien et végétalien et les innovations améliorant la qualité et l'offre de substituts à la viande pourraient remettre en cause l'augmentation de la production de viande.

Graphique 5.10. Avenir carnivore

Évolution de la consommation de viande par région ou pays, en milliers de tonnes, entre 2000 et 2026

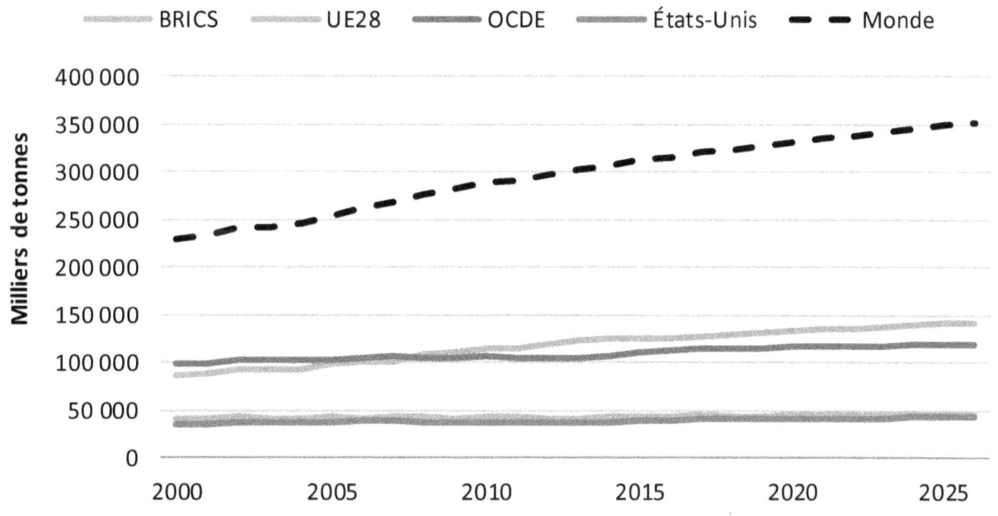

Source : OCDE (2018), « Consommation de viande » (indicateur), https://data.oecd.org/agroutput/meat-consumption.htm.

StatLink https://doi.org/10.1787/888933889172

Quelles conséquences pour l'éducation ?

- Quel est le rôle des systèmes d'éducation dans la sensibilisation des élèves en vue d'en faire des citoyens responsables, animés par des valeurs civiques, attachés à une consommation durable et dotés de bonnes facultés de raisonnement critique ?
- Les gouvernements devraient-ils encourager les trajets scolaires à pied, en véhicule électrique ou autre moyen de transport propre pour réduire la pollution et la dépendance à la voiture individuelle ?
- La filière professionnelle et technique d'enseignement propose-t-elle des formations de qualité sous contrat d'apprentissage dans le domaine des énergies propres, de l'autopartage de vélos et de véhicules, etc. ? Dans la négative, quel serait le meilleur moyen de l'aider à en proposer ?

LES CULTURES MODERNES ET L'ÉDUCATION : EN AVANT, TOUTE !

Quelles sont les interactions entre les tendances présentées dans ce chapitre et l'éducation ? En quoi l'éducation affecte-t-elle ces tendances ? Quelques réponses sont évidentes et portent sur le court terme, par exemple, le travail des femmes et le besoin de structures d'accueil et de garde de la petite enfance de qualité. D'autres réponses portent sur un plus long terme, par exemple les tendances en matière de consommation durable.

Lier éducation et cultures modernes

Créativité et esprit d'entreprise

- Amener les élèves à acquérir les connaissances, compétences et attitudes requises pour devenir de futurs entrepreneurs
- Promouvoir l'enseignement et l'apprentissage de la créativité et d'autres compétences, au-delà des frontières traditionnelles entre les disciplines
- Engager les élèves dans des projets collectifs et des exercices collaboratifs de résolution de problèmes en classe et au dehors

Valeurs et attitudes

- S'attaquer aux différences de valeurs sociales entre communautés et promouvoir le respect entre élèves
- Promouvoir la confiance et le respect entre les parents, les enseignants et les chefs d'établissement
- Améliorer la sensibilisation à la discrimination notamment sexiste, pour parvenir à la tolérance zéro concernant la culture de la discrimination dans le cadre scolaire

Diversité des familles

- Accueillir toute les familles, traditionnelles ou non, à l'école
- Admettre la diversité culturelle en classe et donner aux enseignants les outils dont ils ont besoin pour enseigner dans des classes multiculturelles
- Créer des stratégies et dégager des moyens pour permettre aux établissements d'enseignement de bien communiquer avec toutes les familles

Fractures numériques

- Amener tous les élèves à acquérir les connaissances et les compétences numériques requises pour évoluer dans le monde moderne
- Améliorer l'intégration transversale des connaissances des enseignants en pédagogie, en informatique et dans les disciplines enseignées
- Promouvoir l'utilisation positive des TIC et les attitudes favorables aux TIC, en particulier chez les filles et dans les groupes d'élèves défavorisés

Réflexion : se préparer à l'incertitude

Les projets ont beau être les mieux ficelés, l'avenir est imprévisible en soi. Cette section explore quelques exemples d'incertitude qui entoure les tendances abordées dans ce chapitre.

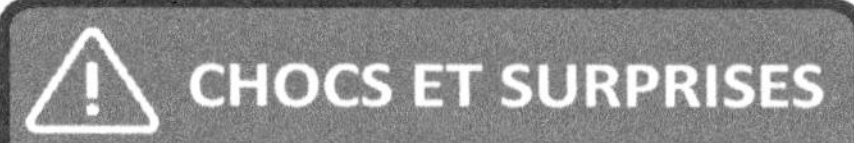

Dopage intellectuel?

- Des recherches non négligeables portent sur des substances susceptibles d'améliorer nos performances cognitives. Il y a parmi ces substances des produits connus de longue date et d'autres plus récents. Certaines personnes prennent ainsi du LSD à petite dose (microdoses) dans l'espoir de doper leur créativité. L'usage de stupéfiants reste néanmoins toujours risqué.
- *Qu'adviendrait-il si le dopage intellectuel devenait la norme ? Quels en seraient les risques ? Y serait-on autant exposés à tout âge, même à l'école primaire (voire plus tôt) ? Qu'en seraient les implications concernant l'égalité d'accès ?*

En famille, apprendre ensemble plutôt que jouer ensemble ?

- L'apprentissage et le travail à distance pourraient remplacer l'apprentissage et le travail sur place, avec à la clé plus de temps pour tous à la maison et la possibilité pour les adultes de s'investir nettement plus dans l'éducation de leurs enfants. Mais la ligne de démarcation entre les sphères professionnelle et privée pourrait devenir plus floue et réduire le temps à consacrer au jeu et aux interactions informelles.
- *L'école doit-elle intervenir dans la définition des périodes d'étude ? Le jeu peut-il devenir une partie obligatoire de l'éducation formelle ?*

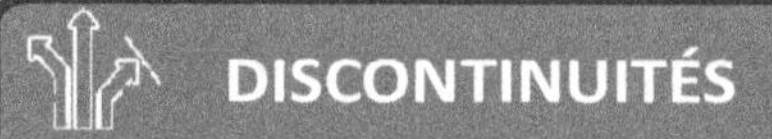

S'alimenter de manière éthique ?

- Le progrès technologique, dont découlent par exemple les substituts de viande et la viande artificielle, et l'adoption de nouvelles sources de protéines (les aliments à base d'insectes par exemple) pourraient-ils inverser la tendance à la hausse de la consommation de viande ?
- *Cette orientation pourrait-elle devenir obligatoire dans les cantines scolaires publiques (et privées) ? Serait-ce un nouveau domaine d'étude en agronomie ?*

COMPLEXITÉ

L'inclusion par la technologie ?

- Des difficultés d'apprentissage, notamment celles liées à des troubles déficitaires de l'attention ou à l'autisme, sont plus souvent diagnostiquées ces dernières années. Les causes sont diffuses, mais sont vraisemblablement à rechercher dans la réduction de la stigmatisation, l'amélioration des diagnostics et du signalement, et les facteurs environnementaux.
- *La technologie peut-elle servir à adapter l'apprentissage et le travail et à les rendre accessibles à des personnes ayant des besoins différents ?*

POUR EN SAVOIR PLUS

Sources d'information pertinentes

- Castells, M. (2009), Communication Power, Oxford University Press, Oxford.
- Esping-Andersen, G. (2016), Families in the 21st Century, SNS Förlag, Stockholm, www.sns.se/en/archive/families-in-the-21st-century/.
- Hooft Graafland, J. (2018), « New technologies and 21st century children: « Recent trends and outcomes, *Documents de travail de l'OCDE sur l'éducation*, n° 179, Éditions OCDE, Paris https://doi.org/10.1787/e071a505-en.
- IEA (2018), *Global Electric Vehicle Outlook 2018*, OCDE et Agence internationale de l'énergie, Paris, www.iea.org/gevo2018/.
- Initiative mondiale pour l'élimination de tous les châtiments corporels infligés aux enfants (2018), « Working towards universal prohibition of corporal punishment », Association for the Protection of All Children, Londres, https://endcorporalpunishment.org/.
- Kennedy, M., et J. Zysman (2016), « The rise of the platform economy », *Issues in Science and Technology*, vol. 32, n° 3, https://issues.org/the-rise-of-the-platform-economy/.
- Khamis, S., L. Ang et R. Welling (2017), « Self-branding, 'micro-celebrity'and the rise of Social Media Influencers », *Celebrity Studies*, vol. 2, n°8, pp. 191-208.
- OCDE (2017), *Perspectives de l'économie numérique de l'OCDE 2017*, Éditions OCDE, Paris, https://doi.org/10.1787/9789264282483-fr.
- OCDE (2017), *Perspectives de l'emploi de l'OCDE 2017*, Éditions OCDE, Paris, https://doi.org/10.1787/empl_outlook-2017-fr.
- OCDE (2018), « A Brave New World: Technology and Education », *Trends Shaping Education Spotlights*, n° 15, www.oecd.org/education/ceri/Spotlight-15-A-Brave-New-WorldTechnology-and-Education.pdf.
- OCDE (2018), « Abonnements au haut débit mobile » (indicateur), https://doi.org/10.1787/1277ddc6-en (indicateur consulté le 28 septembre 2018).
- OCDE (2018), « Consommation de viande » (indicateur), https://data.oecd.org/agroutput/meat-consumption.htm.
- OCDE (2018), « Durée du congé payé réservé aux pères » (indicateur), Portail de l'égalité femmes-hommes de l'OCDE, www.oecd.org/gender/data/ (indicateur consulté le 27 septembre 2018).
- OCDE (2018), « Écart salarial femmes-hommes » (indicateur), Portail de l'égalité femmes-hommes de l'OCDE, www.oecd.org/gender/data/ (indicateur consulté le 27 septembre 2018).
- OCDE (2018), « Proportion de naissances hors mariage » (indicateur), *Base de données de l'OCDE sur la famille*, https://stats.oecd.org/ (indicateur consulté le 7 décembre 2018).
- OCDE (2018), *Accès aux TIC et utilisation des TIC chez les individus et les ménages* (base de données), https://stats.oecd.org/ (base de données consultée le 25 avril 2018).

Glossaire

- **Airbnb** : plateforme privée en ligne de location de logements de particuliers et de fourniture de services dans le secteur du tourisme.
- **Châtiment corporel** : tout châtiment infligé par la force en vue de faire ressentir une douleur ou un inconfort physique dont l'intensité est variable. Est également visé le traitement cruel ou dégradant autre que physique.
- **Congé de maternité** : congé accordé aux femmes actives occupées avant et après la naissance ou, dans certains pays, l'adoption de leur enfant, avec protection de l'emploi. La plupart des pays permettent aux personnes en congé de maternité de scinder la période en deux, avant et après la grossesse, tandis que d'autres leur imposent une brève période de congé en fin de grossesse, suivie d'une période de six à dix semaines après la naissance. Dans la quasi-totalité des pays de l'OCDE, les pouvoirs publics accordent un revenu de remplacement qui est fonction de la longueur du congé de maternité.
- **Congé de paternité** : congé accordé aux pères actifs occupés après la naissance ou, dans certains pays, l'adoption de leur enfant, avec protection de l'emploi.
- **Congé parental réservé aux pères** : tout congé exclusivement réservé au père ou au parent autre que la mère, avec protection de l'emploi. Les autres dispositifs initialement prévus pour le père qui peuvent être transférés à la mère sont exclus.
- **Congé parental** : congé accordé aux parents actifs occupés en plus du congé de maternité et de paternité, avec protection de l'emploi. Dans la plupart des pays, mais pas tous, le congé parental suit le congé de maternité. Contrairement aux allocations familiales, le droit au congé parental est individuel, de sorte qu'un seul parent peut prétendre à la fois à un revenu de remplacement.
- **Connexion à haut débit pour mobiles** : connexion à Internet par mobile à une vitesse de téléchargement égale ou supérieure à 256 kilobits par seconde, selon les fournisseurs. La connexion permet d'accéder à Internet via le protocole HTTP et doit avoir été utilisée via l'Internet Protocol (IP) au cours des trois mois précédents. Les SMS et les MMS standard ne sont pas inclus dans l'indicateur, même s'ils ont été acheminés via l'IP.
- **Connexion à haut débit** : connexion à Internet via des réseaux filaires et non filaires (DSL, fibre ou satellite), à une vitesse de téléchargement égale ou supérieure à 256 kilobits par seconde.
- **Consommation de viande dans le monde** : viande bovine, porcine, ovine (poids carcasse) et volaille (poids prêt à cuire) consommées dans le monde.
- **Écart salarial entre les sexes** : différence entre les revenus médians des hommes et des femmes en pourcentage des revenus médians des hommes. Les données se rapportent aux salariés et indépendants travaillant à temps plein.
- **Freelancer** : plateforme mondiale en ligne d'externalisation créée en 2009 où des clients proposent des missions à des indépendants.
- ***Gig economy*** : modèle dans lequel les travailleurs enchaînent les missions ou des activités différentes, toutes payées séparément, au lieu d'être salariés par un employeur.
- **Mobilité professionnelle** : facilité avec laquelle des individus (ou des ressources) peuvent changer de poste.
- **Naissance hors mariage** : nouveau-né dont la mère n'est pas mariée.
- **Plateforme en ligne** : marchés en ligne à plusieurs dimensions, fonctionnant grâce à des logiciels, qui mettent en contact des fournisseurs et des utilisateurs de contenus, de biens et services.
- **Travail à la tâche** : modèle dans lequel le travail est rémunéré en fonction du nombre de missions ou activités plutôt qu'en fonction du temps qui a été consacré aux missions ou activités.
- **Upwork** : plateforme mondiale en ligne, créée en 2013 après la fusion des plateformes Elance et oDesk, plateforme où les entreprises et les professionnels indépendants se connectent et collaborent à distance.

ORGANISATION DE COOPÉRATION ET DE DÉVELOPPEMENT ÉCONOMIQUES

L'OCDE est un forum unique en son genre où les gouvernements oeuvrent ensemble pour relever les défis économiques, sociaux et environnementaux que pose la mondialisation. L'OCDE est aussi à l'avant-garde des efforts entrepris pour comprendre les évolutions du monde actuel et les préoccupations qu'elles font naître. Elle aide les gouvernements à faire face à des situations nouvelles en examinant des thèmes tels que le gouvernement d'entreprise, l'économie de l'information et les défis posés par le vieillissement de la population. L'Organisation offre aux gouvernements un cadre leur permettant de comparer leurs expériences en matière de politiques, de chercher des réponses à des problèmes communs, d'identifier les bonnes pratiques et de travailler à la coordination des politiques nationales et internationales.

Les pays membres de l'OCDE sont : l'Allemagne, l'Australie, l'Autriche, la Belgique, le Canada, le Chili, la Corée, le Danemark, l'Espagne, l'Estonie, les États-Unis, la Finlande, la France, la Grèce, la Hongrie, l'Irlande, l'Islande, Israël, l'Italie, le Japon, la Lettonie, la Lituanie, le Luxembourg, le Mexique, la Norvège, la Nouvelle-Zélande, les Pays-Bas, la Pologne, le Portugal, la République slovaque, la République tchèque, le Royaume-Uni, la Slovénie, la Suède, la Suisse et la Turquie. La Commission européenne participe aux travaux de l'OCDE.

Les Éditions OCDE assurent une large diffusion aux travaux de l'Organisation. Ces derniers comprennent les résultats de l'activité de collecte de statistiques, les travaux de recherche menés sur des questions économiques, sociales et environnementales, ainsi que les conventions, les principes directeurs et les modèles développés par les pays membres.

ÉDITIONS OCDE, 2, rue André-Pascal, 75775 PARIS CEDEX 16
(96 2018 03 2 P) ISBN 978-92-64-31296-8 – 2019

www.ingramcontent.com/pod-product-compliance
Lightning Source LLC
LaVergne TN
LVHW081414110826
845149LV00010B/1743
* 9 7 8 9 2 6 4 3 1 2 9 6 8 *